기록 너머에 사람이 있다

16년차 부장검사가 쓴 법과 정의, 그 경계의 기록

기록 너머에 사람이 있다

안종오 지음

다산지식하우스

추/천/의/ 말

뉴스나 영화 등 매체를 통해 대중들에게 흔히 알려진 검사의 이미지는 대개 특수부나 공안부 검사들이다. 그러나 대부분의 검사들은 형사부에서 세상에 알려지지 않는 수많은 사건들과 힘겨운 싸움을 해나가고 있다.

저자는 형사부 검사의 시선을 통해 이 땅을 살아가는 서민들의 삶과 애환과 고통과 분노와 슬픔을 생생하게 그려내고 있다. 이 책에 나오는 실제 사건들은 소설보다 더 소설적이다. 단편소설 이상으로 재미있다.

피해자뿐만 아니라 가해자를 바라보는 안검사의 시선은 따뜻하다. 그는 자기 자신 역시 따뜻한 시선으로 바라본다. 대인관계로 인해 공황장애를 겪었던 이야기도 책에서 털어 놓는다. 자신의 약한 모습을 스스로 받아들이는 것은 물론, 주변에도 숨기지 않는다. 쉽지 않은 일이다. 자기 자신, 가족, 주변 사람들의 이야기를 통해 안검사는 인생이란 결국 역경과 고난의 연속이라는 것과, 바로 그러한 시련 속에 성장과 행복이 있다는 것을 조용한 웅변으로 말해주고 있다.

– 김주환(연세대 교수, 『회복탄력성』 저자)

하필 이럴 때 검사라는 직업에 관한 책을 내다니. 계산이 서툴거나 능한 탓은 아닐 것이다.

이 책을 펼쳐 보면 알겠지만 저자는 검사로서 자신을 돌아보고, 자신을 드러내는 데에 전혀 인색함이나 어색함이 없다. 그래서 책을 읽는 내내, 완전 민낯까지는 아니어도 고작 비비 크림 바른 정도의 검사 얼굴을 코앞에서 바라보는 듯한 맛이 제법 쏠쏠하다. 법정 드라마보다 더 재미있고 감동적인 게 법조계 현실인가 싶을 정도로.

대부분의 검사는 진흙탕 현실 속에서 산다. 거기서 연꽃을 피어올린다. 자세히, 오래 보면, 검사도 예쁘다. 검사가 예쁠 수 있음을 모르는 건 정작 검사들 자신인 것 같다. 그들이 그걸 알면 국민들도 다 알아 줄 텐데.

그 통로를 살짝 열어젖힌 안종오의 이 책,

그래서 나는 그가 예쁘다.

– 정재찬(한양대 교수, 『시를 잊은 그대에게』 저자)

프 / 롤 / 로 / 그

사람만이 나를 철들게 했다

글을 쓰게 된 것은 정말 우연이었다.

작년 여름. 아들 때문에 들른 서점에서 무심코 책을 한 권 꺼내 들었다. '책 쓰기 방법'에 관한 책이었다.

'별 내용 있겠어?'라는 생각으로 몇 장을 들춰보다 책 내용에 빠져들어 그 자리에 앉아 다 읽고 말았다. 오랜만에 새로운 일에 대한 흥분으로 방망이질 하듯 심장이 뛰었다.

그 책에서는 '독자들은 여러분의 이야기를 기다리고 있다. 자신만의 스토리를 써라.'라고 적혀 있었다. '나에게도 나만의 스토리가 분명 있겠지? 나도 한번 써볼까?'라면서 스스로를 설득했다.

그렇게 글쓰기가 시작됐다.

막상 쓰려니, 사람들은 과연 어떤 스토리에 관심이 있을까라는 의문이 생겼다. 뉴스나 영화 같은 매스컴에 비춰지는 검사의 모습은 권력에 심취한 모습, 비리에 눈감는 모습, 차가운 냉혈인간의 모습이다.

하지만 내가 겪어본 검사라는 직업은 사람들에게 인간적인 삶을 나눠주는 일이었다. 눈을 감으면 검사실에서 일어난 일들에 가슴이 뭉클해질 때가 있다. 물론 아쉬운 미소를 지을 때도 있었고, 복잡한 인간사를 수없이 간접경험하면서 풀어나가는 지혜를 갖지 못함을 안타까워할 때도 있었다.

또 개인적인 상처로 남에게 쉬쉬할 아픔을 겪었다. 중요한 시절에 왜 이런 아픔이 나에게 왔는지 하늘을 원망한 적도 있었다. 하지만 책을 쓰는 내내, 나의 검사로서의 십여 년은 다행히도 따뜻함과 유머로 점철된 생활이었음을 깨달았다. 인생 반환점을 돈 시점에서 삶을 재정비하는 계기도 되었다.

책을 쓰기 직전 다시 서점에 들렀다. 독자가 아닌 저자의 눈으로 보는 서점의 모습은 예전과는 많이 달라 보였다. 요즘 사람들은 어떤 글들을 좋아하는지 알고 싶었다.

서점을 둘러보니, 사람들을 위로하는 감성에세이가 큰 공간을 차지하고 있었고, 자신의 심리를 분석하거나 용기를 주는 책들 앞에 사람들이 모여 있었다.

그런 모습을 보면서 '나뿐 아니라 모든 사람들이 쉽지 않은 삶을 살고 있고, 누군가로부터 위로받고 싶고, 그것을 극복하고 싶어 하는구나.'라는 생각이 들었다.

검사라는 이름의 무게. 그것을 감당하기 위해 힘들어했던 내 모습이 떠올랐다. 가족을 뒤로 한 채 사무실에서 밤늦게까지 타인의 삶에 고민하던 그때. 자꾸 실패하는 내 자신을 토닥이지 못하고 스스로에게 부정적인 말을 퍼부어대던 그때. 그런 아쉬운 모습들이 우선 생각났다.

하지만 그때마다 주변의 좋은 동료들과 즐거운 추억을 쌓으면서, 사건 관계자들과 인간적인 교류를 하면서, 가족과 함께 인생의 재미와 깊이를 느끼면서 어려움을 헤쳐나갔다. 결국 나는 혼자 성장한 것이 아니라 타인과 함께 성장한 것이다.

석 달에 걸쳐 글을 쓰고 보니, 처음 계획한 것보다 이야기들이 밝아졌다. 검사생활 내내 어둡고 힘들었던 것만이 아니고 정을 나누는 시간들도 많았다는 것에 감사함을 느꼈다. 몇몇 스토리에서는 글을 쓰는 내내 눈물을 주체하기 어려울 때도 있었다. 글쓰기를 통해 정신적으로 많은 부분이 치유되는 것을 느꼈다. 아내가 말한다. '당신은 책을 쓰고 나더니 뭔가 달라졌다. 더 부드러워지고, 더 많이 상대의 말을 들어주는 것 같다.'

글을 써내려가면서 주로 느낀 점은 '고맙다.'라는 것이다. 어려움을 이겨내준 내 자신에게 고맙고, 믿고 기다려준 가족에게 고맙고, 참된 인생을 가르쳐준 검사실에서 만난 모든 사람들에게 고맙다.

요즘은 돈이 있고 없고, 지위가 높고 낮고를 떠나서 정말 모두가 힘들다. 독자 여러분께 부탁드리고 싶다. 검사라는 직업을 가진 평범한 사람이 인간적인 삶을 누리기 위해 얼마나 발버둥 쳤고, 어려움을 어떻게 극복했는지 따뜻한 시선으로 바라봐주면 좋겠다. 그리고 이 책을 읽은 모든 분들이 힘든 인생 여정에서 한 번이라도 더 웃고, 또 위로받았으면 좋겠다.

차례

2 죄가 밉다

3 나를 위한 최후변론

4

그럼에도 괜찮은 인생

1_
누구든,
아직은,
무죄

취급주의

시골 작은 지청에 근무하던 어느 날이다. 오후에 검사실 출입문이 열리더니 경찰관이 포승줄에 묶인 소년을 데리고 들어왔다. 열예닐곱 살쯤 되어 보이는 소년의 얼굴은 여드름으로 덮여 있었다. 소년은 방에 들어와 자리에 앉기까지 검사실 이곳저곳을 두리번거렸다. 수사관이 "구속까지 된 걸 보니 이 녀석 어지간히 사고 쳤구먼." 하자 소년은 못마땅한 표정으로 수사관을 잠시 째려보다가 들어왔던 출입문 쪽으로 고개를 돌려버렸다.

기록을 보니 영업이 끝난 시간에 빈 가게를 다섯 곳이나 돌아다니며 금고에서 돈을 훔친 혐의로 구속됐다. 피해 금액이 모두 합쳐 5만 원이 조금 안 된다. 그런데 이상하게 피해를 입은 가게가 모두 횟집이다. 그리고 돈을 훔쳐 나오면서 횟집마다 수족관에 달린 산소 공급기의 콘센트를 뽑아 물고기들을 모두 죽게 만들었다. 왜 하필 횟집이었는지 물어도 녀석은 입술을 깨물고 나를 잠시 쳐다볼 뿐 아무 말 없이 고개를 떨군다. 그날은 간단한 조사만 마치고 소년을 구치소로 돌려보냈다.

다음 날 수사관이 소년을 다시 소환했다. 어제와는 달리 파란색 미결수복을 입은 소년은 어딘지 모르게 조금 안정된 모습이었다. 10년 이상 검사실 근무로 베테랑이 된 수사관은 그 또래의 아들이 있어서인지 신경이 좀 쓰이는 모양이다. 수사관은 소년에게 잘 잤는지, 식사는 잘하고 있는지부터 묻는다. 그리고 교도관의 허락을 얻어 검사실에 있는 과자와 음료수를 줬다. 소년은 괜찮다고 하더니 이내 과자로 손을 옮긴다. 녀석은 그제야 범행 과정을 자세히 말해준다.

소년은 일흔다섯 살 할머니와 단둘이 산다. 소년이 다섯 살이었을 때 부모가 이혼하면서 아버지가 양육을 맡게 됐다. 아버지는 아이를 할머니에게 맡겨둔 채 일하러 서울로 올라가버렸다. 그 후 아버지는 일 년에 한두 번 얼굴을 보이더니 나중엔 아예 연락을 끊었다. 생계를 위해 할머니는 남의 밭에서 일하거나, 밭일이 없는 날은 폐지를 줍는다. 상황이 이러니 소년은 자꾸 밖으로 나돌게 되었고 좋지 않은 친구와 선배들을 사귀게 됐다. 집에 안 들어가는 날이 많아지고, 밖에서 지내다 보니 용돈이 떨어져 밤에 혼자서 범행을 저지르게 된 것이다.

듣고 있던 수사관이 "그런데 왜 횟집만 들어갔어?"라고 묻자 소년은 고개를 떨구고 말이 없다. 잠시 후 나지막한 소리로 다시 얘기를 시작했다.

소년이 초등학생이었을 때 할머니, 아버지와 횟집에 간 적이 있는데 그때 할머니가 바닷가 마을 출신이어서 회를 좋아한다는 것을 알게 됐다. 그 뒤로 수년 동안 아버지가 안 오고 돈도 없다 보니 단 한 번도 횟집에 가지 못했다. 회를 좋아하는 할머니에게 아무것도 해줄 수 없다 보니 횟집만 보면 그냥 화가 많이 난단다. 그렇게 말하는 소년의 눈에 눈물이 어린다. 수사관뿐만 아니라 사무실 안에 있던 나와 교도관, 실무관 모두 미안한 눈빛으로 한숨을 내쉰다.

이렇게 문제를 일으키는 아이들 대부분은 남다른 집안 사정이나 가정불화로 인해 제대로 관심을 받지 못하고 자란다. 이 소년처럼 마음 한구석에 따뜻함이 남아 있는 녀석은 조심히 잘 다루어야 한다. 이대로 부서져버리든가, 아니면 좀 더 단단해지든가 기로에 서 있는 것이다.

소년의 얘기를 듣다 보니 남다른 관심을 받고 자란 내 어린 시절의 어느 하루가 생각났다. 네 살 되던 어느 봄날, 어린 내가 실종되는 사건이 발생했다. 워낙 어릴 때 겪은 일이다 보니 몇 장면만 생각이 나는데, 그 기억에 어른들의 얘기를 보태면 스토리 하나가 얼추 완성된다. '네 살배기 안종오 실종 사건'의 전모는 다음과 같다.

그 어린 나이에도 외갓집에 가면 좋았나 보다. 외할머니, 외할아버지가 외손자인 나를 많이 예뻐해주셨다. 아마도 물고 빨고 하셨을 것이다. 외갓집 제사가 있어 가면 떡도 있고 식혜도 있고, 여러 가지 맛있는 음식이 있었다. 외갓집에 대한 좋은 기억을 갖고 있던 나는 부모님이 논에 나가 있는 동안 외갓집에 가 맛있는 음식을 먹기로 결심한다. 우리 집에서 2킬로미터 정도 떨어진 외갓집은 네 살배기가 혼자 걸어가기에 상당히 먼 거리다. 게다가 중간에 갈림길도 있다(그곳에서 치열하게 고민했던 기억이 또렷이 난다). 어린아이의 본능은 부정확한가 보다. 잘못된 길로 들어서서 한참을 정처 없이 걸었다. 걷다 보니 다리도 아프고 보슬비까지 내리기 시작했다. 집으로 돌아가는 길마저 잃어버린 나는 겁이 나 울면서 계속 걸었다. 집에서 2킬로미터 이상 떨어진 수교마을까지 걸어갔다. 마을 입구에 있는 방앗간 앞을 지나가는데 주인아저씨가 나를 발견하고 말을 걸었다. 아무래도 어린아이 혼자 걷는 품이 이상했나 보다. 사는 마을이 어디냐고 묻고 아버지 이름을 물었는데, 내가 대답을 잘했는지 아저씨는 내 상황을 직감하고 나를 그곳에 잡아두었다.

방앗간 앞에서 아저씨와 서 있는데 저만치에서 누군가 다가오고 있었다. 빗방울 사이로 아버지가 자전거를 타고 달려오는 모습이 보였다.

부자지간에 얼마나 극적인 상봉을 했는지, 포옹을 했는지 그런

건 기억에 없다. 하지만 아버지가 곧바로 구멍가게로 데려가 빵을 사준 기억은 난다. 빵을 먹고 배가 불러오자 피곤했는지 아버지 품에서 잠들었다. 깨어보니 아버지와 내가 탄 자전거가 우리 집 마당으로 들어서고 있었고 마루에서 울고 있는 엄마와 마을 사람들이 보였다.

나중에 들으니 내가 없어지자 옆집 아저씨는 아무래도 자주 오가던 개장수가 데리고 간 것 아니냐고 하였고, 옆집 고모부는 우리 집 뒤에 있는 우물을 대나무로 휘휘 저었다고 한다. 마을 사람들이 동네 이곳저곳을 돌아다녔는데도 나를 찾지 못하였고, 엄마는 마루에 앉아 하염없이 울고 계셨다고 한다. 아버지는 자전거로 면사무소 가는 길, 외갓집 가는 길 등을 다니다가 어쩌다 수교마을까지 오게 됐는데, 방앗간 앞에 서 있는 나를 보고 '소름 끼치게 기뻤다.'고 하셨다.

그 이후로 외할머니, 외할아버지는 어린 내가 갈 때마다 양손으로 얼굴을 쓰다듬으며 "어이구, 내 새끼 왔냐. 외갓집에 온다고 그리 욕봤냐."라고 하셨고, 내가 잠들면 어린 다리를 주물러주셨다. 그 사건으로 나는 우리 가족, 외갓집 식구, 마을 사람들로부터 특별 관리 대상으로 지정되어 조심스럽게 취급됐다.

구속되어 우리 사무실에 온 그 소년처럼 누구나 어렸을 때는 잘못도 하고 방황하기도 한다. 자신도 모르게 인생의 길에서 벗어나

걷고 있는 자신을 발견하게 된다. 그럴 때마다 그의 손을 잡아 이끌어줄 사람이 있다면 좋으련만 누구나 그런 행운을 누리지는 못한다. 하지만 분명한 것은 어렸을 적에 누구로부터든지 무조건적인 사랑을 받아본 아이는, 그 사랑을 거름 삼아 평생을 튼튼한 나무처럼 살아갈 수 있다는 것이다.

연세대학교 김주환 교수는 저서 『회복탄력성』에서 어릴 적 무조건적인 사랑을 준 사람이 부모님이든, 할머니, 할아버지든 상관이 없으며, 심지어 가족 밖의 사람이라도 상관이 없다고 말한다. 그런 사랑을 받고 자란 아이는 어려움이 닥쳐도 이를 극복하며, 원래보다 더 나은 위치로 튀어오를 수 있다.

소년을 조사하고 있는데 민원실에서 연락이 왔다. 소년의 할머니가 검사와 면담을 하고 싶어 하신다는 것이다. 조사를 중단하고 할머니를 만났다. 백발에 쪽 찐 머리를 한 전형적인 시골 할머니로 얼굴이며 손에 주름이 가득하다. 검사실로 들어와 수사관 앞에 앉아 있는 손자를 보자 눈물이 그렁그렁해진다. 바로 내 앞으로 와 연신 머리를 조아리면서 "우리 손자 좀 살려주세요. 살려주세요." 하신다. 나는 당황하여 얼른 할머니에게 다가가 손을 잡고 우선 앉으시도록 했다.

할머니는 그동안 손자와 함께 살아온 이야기를 하면서 눈물을 흘리신다. 착한 손자가 자기 때문에 그렇게 된 것인 양 자책하기도 했다. 그리고 손자를 한 번만 봐주면 집에서 더 관심을 갖고 보살피

겠노라 말씀하셨다. 나는 그 아이에게 별다른 전과가 없기에, 피해자가 처벌을 원치 않는다면 고려해볼 수 있으니 우선 집에 돌아가 계시라고 했다. 그리고 수사관을 통해 피해를 입은 횟집 주인들에게 그 아이의 현재 상황을 간곡히 설명했다. 감사하게도 그분들은 "그런 사정이 있다면 아이의 장래를 위해 처벌불원서를 내겠다."고 했다. 그들도 아이를 키우고 있기 때문에 사정을 충분히 이해하는 것 같았다.

처벌불원서가 모두 제출된 것을 확인한 후 석방건의서를 작성하고 지청장님께 석방 결재를 받았다. 석방하기 전 할머니 혼자서 아이를 관리하기는 어려울 것 같다는 판단하에 소년 사범 관리에 전문성을 가진 법사랑 위원의 도움을 받을 수 있도록 조치했다.

나중에 법사랑 위원에 확인해보니, 학교에 잘 다니며 더 이상 문제를 일으키지 않는다고 하였다. 당연히 다시 검찰청에 오는 일도 없었다. 그 소년은 구속된 기간 동안 할머니의 사랑을 다시 한 번 절실히 느꼈을 것이고, 자신의 잘못된 행위로 얼마나 많은 사람들이 피해를 입는지 알게 되었을 것이다. 지금은 그 사건을 계기로 더 단단하게 성장하여 더욱 높이 튀어 올랐을지도 모른다. 구속된 경험이 '낙인'이 아닌, 인생에 반전을 가져다준 '기회'가 되기를 간절히 소망한다.

요즘 중학교 3학년인 아들을 보고 있노라면 10년 전 그 소년이 생각난다. 중3이면 한창 예민한 사춘기이기 때문에 조심조심 대하고 있다. 내 아들 역시 사는 동안 많은 어려움을 겪을 것이다. 그때마다 엄마, 아빠로부터 사랑받았던 장면을 떠올리며 어려움을 극복하고 튀어올랐으면 좋겠다. 이것이 내가 아이들을 위해 요리하고 있는 이유이기도 하다.

어느 교회를 지나다 보니 이런 문구가 벽에 붙어 있다.

"문제 아이는 없고 문제 부모만 있다."

문득 길을 가는 아이들 등에 일일이 다음과 같은 꼬리표를 붙이고 싶은 생각이 든다.

'취급주의Fragile!'

밥은
먹고 다니냐?

초임 검사로서 2년을 보낸 후 시골 지청으로 발령이 났다. 검사가 세 명밖에 없는 소규모 지청이었다. 검사 세 명이서 정말 친하게 지냈다. 일주일에 한두 번씩은 야근하다 말고 호프집에 모여 사건 얘기도 하고 사람 사는 얘기도 했다. 그 호프집을 하도 자주 다니다 보니 종업원하고도 얼굴을 텄다. 20대 초반의 젊은 청년이었는데 조용하면서도 무척 성실해서 우리 쪽에서 말도 자주 건넸고, 그러다 보니 친해졌다.

어느 날 병역법 위반으로 구속된 피의자가 경찰에 이끌려 우리 방으로 왔다. 난 책상에 앉아 사건 기록을 보다가 무심코 피의자의 얼굴을 올려다보았는데, "어!" 하는 소리가 나올 정도로 깜짝 놀랐다. 그 호프집의 청년이 내 앞에 떡하니 서 있었다. 그 청년도 나를 보고 깜짝 놀랐다. 그동안 호프집에 자주 가긴 했어도 신분을 밝히지 않았으므로 검사실에 앉아 있는 나를 보고 깜짝 놀란 것이다.

"야! 너 웬일이야. 뭐 때문에 구속된 거야?"

"……아, 안녕하세요. 군대 때문에요."

"아이고, 이 녀석아!"

바로 사건 기록을 들춰 봤다. 청년은 서울에서 고등학교를 나와 아르바이트를 전전했었다. 아버지는 장애가 있어 거동이 불편하시고, 어머니 혼자서 생계를 책임졌다. 여동생이 한 명 있는데 중학생이다. 청년은 대학 갈 형편이 안 되는 걸 알고 일찌감치 공부를 포기했다. 몇 년 간 아르바이트를 하고 있는데 입영통지서가 배달되어 왔다. 자신이 군대에 가면 집안을 돌볼 사람이 없다는 생각에 아무 연락도 없이 입대하라는 날짜를 지나쳤다. 병무청에 문의해서 연기하는 방법 등을 알아보면 되는데, 짧은 생각에 도망 다니며 돈을 벌어야겠다고 생각한 모양이다.

체포된 사연도 좀 딱하다. 호프집에서 손님들끼리 싸워 경찰이 출동했는데, 종업원으로서 싸움을 말리다가 함께 가서 조사를 받게 됐다. 참고인으로 조사를 받던 중 경찰이 인적사항을 조회했는데 지명수배된 것이 확인된 것이다. 인생 전체로 봤을 때는 다행인데, 그 당시에는 아마 당황하지 않았을까 싶다.

구속되어 경찰서 유치장에서 열흘 가까이 지내는 동안 잘 먹지 못했는지 볼이 홀쭉해지고 얼굴이 시커메졌다.

"이 녀석아, 걱정돼도 밥은 잘 먹어라. 그래야 건강하게 가족들 돌볼 것 아니냐? 지금이야 구속돼 있지만, 최대한 짧게 처벌받고 가족들 있는 곳으로 가서 함께 살아. 깊이 반성하고 있고 군 입대도 할 계획이라고 밝혀. 잘하면 집행유예로 풀려날 수도 있을 것 같다."

"예, 검사님. 그렇게 하겠습니다. 고맙습니다."

다행히 기소한 후 얼마 되지 않아 그 청년은 집행유예로 석방됐다. 석방되어 집으로 가기 전 우리 방에 들렀다.

"검사님, 덕분에 가볍게 처벌받고 나왔습니다. 오늘 바로 서울 집으로 가려고요. 홀가분합니다. 영장 나오면 빨리 군대 다녀오려고 해요. 위한다는 것이 그만 가족들에게 걱정만 끼치게 되었어요. 앞으로 잘 살겠습니다."

"그래, 잘 생각했어. 아무리 힘들어도 가족들 생각하면서 살면 덜 힘들 거야. 군대에서 오히려 세상 사는 법을 잘 배워 나올 수도 있어. 기회로 활용해봐. 그리고 밥 잘 먹고 다니고……."

갈 길이 바쁜데 검사실까지 와서 감사 인사를 한 것이 무척 고마웠다. 검사실 밖 엘리베이터까지 마중하고 잘 가라고 손을 흔들어 줬다. 엘리베이터 문이 닫히는데 그 녀석이 손으로 'V'자를 그리면서 씨익 웃는다.

이후 그 청년을 보지 못했는데, 옆방의 S검사는 몇 달 후 법정에서 그와 마주쳤다고 한다. 공판을 담당하는 S검사는 앞서 말한 호프집 폭력 사건의 공소 유지를 맡게 됐는데, 싸움을 한 두 사람의 주장이 달라 호프집 사장과 그 청년이 증인으로 나오게 됐단다.

거기까지 얘기하던 S검사가 입가에 옅은 미소를 머금는다. 사실 자기도 싸움이 난 날 호프집 한쪽 구석에서 맥주를 마시다가 사건 현장을 자세히 목격했단다. 증인석에 나온 사장과 그 청년은 법정에서 S검사를 보고 멈칫하면서 당황하는 표정을 지었다. 역시 그동안 검사인 줄 모르고 지냈는데 법정에서 비로소 알게 된 것이다. S검사는 당황하는 그들의 눈초리를 외면하면서 겨우 증인신문을 끝냈다고 한다.

법정에서 판사만 빼고 모두 그 사건을 알고 있는 초유의 사태가 발생한 것이다. S검사는 자기가 목격해서 알고 있는 것을 모른 척하며 증인신문을 하려니 힘들었을 거고, 증인도 S검사 앞에서 증언할 때 '검사님도 잘 아시면서 뭘…….' 하며 민망했을 거다. 아무리 시골이라지만 좁아도 너무 좁은 거다. 얼마 전 나도 그 호프집에서 판사를 본 게 생각나 혼자 픽 웃었다.

난 그 청년의 근황이 좀 궁금했다.

"그 증인 지금 어디 살고 있대요? 몸은 좀 어때 보였어요?"

"서울에 산다고 하더라고요. 얼굴은 하얗고 포동포동했어요. 편하게 대답 잘하던데요."

다행이다. 약속한 대로 집으로 들어간 모양이다. 마음이 편하니 살이 오를 정도로 건강해졌을 것이다. 그 청년에게 구속이라는 경험이 인생의 고통으로 남지 않고 용수철처럼 더 높은 곳으로 튀어 오르게 하는 계기가 되었기를 빈다.

정신분석학의 거장이자 『죽음의 수용소에서』의 저자인 빅터 프랭클 박사는 제2차세계대전 당시 아우슈비츠 수용소에서 죽음을 경험하면서도 절망하지 않았다. 오히려 그 역경을 희망으로 승화시켰다. 가족들과 주위 사람들이 죽어 나가고 사람으로서의 모든 권리를 박탈당한 상태에서도 삶의 희망을 이어간 것이다. 죽음의 그림자가 한 걸음씩 다가오는 것을 느끼면서도 사랑하는 사람들을 생각하며 계속 살아야 하는 의미를 발견했다. 그리고 그렇게 버텨낸 삶을 작품으로 썼다. 이처럼 어떻게 마음먹느냐에 따라 삶의 무게가 달라지는 것이다. 프랭클 박사가 인용한 니체의 "왜 살아야 하는지 아는 사람은 어떤 상황도 견딜 수 있다."라는 말을 다시 한 번 마음에 새긴다.

보검보다 식칼

나도 사람을 죽일 뻔한 적이 있다. 아니, 죽게 만들 뻔한 적이 있다.

특별수사 전담을 한 지 얼마 되지 않아 한 정치인 관련 사건의 팀원으로 일하게 됐다. 모 회사에서 그 정치인에게 자금이 흘러들어간 증거가 있는데 과연 부정한 청탁을 했는지 여부를 파헤쳐야 했다. 검사 3명, 수사관 10명가량이 투입되어 일하는데 그 속도가 상상을 초월했다. 특별수사는 처음 해보는지라 수석검사의 지시를 받아 모 회사 임원에 대한 조사를 맡았다. 회사 임원들이 음식점에서 정치인을 만나 청탁한 게 분명하니 진술을 받으라는 것이었다.

다른 검사실에서는 맡은 임무가 끝나가고 있었고, 이제 우리 방에서 임원으로부터 진술을 받아내는 일만 남았다. 부장님을 비롯한 검찰청 내 간부들이 모두 지켜보고 있었다. 그러다 보니 주중뿐만 아니라 주말에도 그 임원을 불러 조사했다. 오후에 부르면 새벽까지 조사가 진행되기 일쑤였다. 이런저런 증거에 의하면 그 자리에서 청탁이 있었던 것이 분명한데 사실대로 얘기하라는 식이다. 그러나 그 임원은 계속 청탁이 없었다고 부인한다. 임무를 완수해야 한다는 압박을 받고 있던 나는 거짓말하지 말라면서 약간 큰 소리를 내기도 하고 구슬려보기도 했는데 진척이 없다.

'와, 이 사람들 대단하다. 특수부에서는 이렇게 독한 사람들만 상대하나?'라는 생각이 들면서 오기가 발동했다. 조사받는 태도를 보니 한 번 더 불러 조사하면 내가 원하는 답을 줄 것 같은 느낌도 온다. 그래서 주말 오후에 다시 불렀다. 네 번째 소환 조사다. 같은 방식으로 줄기차게 조사를 진행하는데 밤 10시가 넘어갈 무렵 그 임원이 고개를 숙이고 크게 흐느끼기 시작했다. 덩치 좋고 내공 있게 보였던 그 사람이 '엉엉' 하면서 바깥에까지 들리게 크게 운다.

"검사님, 검사님 말대로 하겠습니다. 제가 뭐라고 하면 되겠습니까? 어디에다 쓰면 될까요?"

그 순간 본 눈빛을 지금도 잊을 수가 없다. 체념한 것을 초월해서 모든 것을 놓아버린 듯했다. 며칠 전 가족관계를 밝히던 중 손녀 얘기를 하면서 보여주었던 삶의 기쁨 같은 건 온데간데없었다.

자백을 한다 해도 거짓 자백일 가능성이 커보였다. 순간 '이 사람 이대로 보내면 오늘 밤 무슨 일 날 것 같다. 이러다 사람이 죽나 보다.'라는 느낌을 받았다. 그냥 내 직감이었다.

그를 데리고 옆방으로 갔다. 그리고 오늘 말하지 않아도 되니 집에 가서 다시 한 번 생각해보고 진솔하게 얘기할 생각이 있으면 전화를 달라고 했다. 그와 더불어 건강과 가족이 소중하니 이상한 마음은 먹지 말라고 했다.

다음 날 우리 방에서 피의자가 울었다는 소문이 파다하게 났다. 앞방의 수석검사가 '자백하고 갔지?'라고 묻기에, 그 사람이 죽을 것 같아서 좋게 타일러서 보냈다고 했다. 수석검사는 피의자가 운다는 것은 자백하려는 징조인데 거기에 내가 겁먹고 보내버렸으니 그 사람은 이제 절대 자백하지 않을 거라고 말했다. 그러면서 덧붙여 한마디 했다.

"검사들 손에는 보검이 한 자루씩 들려 있는데 너는 그것을 제대로 휘두르지 못하고 있어!"

결국 그 수사는 청탁이 있었는지 밝혀내지 못해 흐지부지 종결되고 말았다. 이 사건 이후로 나는 특별수사 분야에서 검을 휘두르지 못하게 됐다. 물론 내가 좀 더 그를 압박했다면 자백을 받아냈을 수도 있다. 하지만 난 당시의 내 직감을 믿는다. 사람들은 현장에서 느끼는 미묘한 분위기를 알 길이 없다. 단지 그 결과만 가지고 자신의 관점에서 과거의 그 현장을 판단할 뿐이다.

2009년, 미국의 뉴욕 허드슨 강에 비상착륙하면서 침착한 대응으로 155명의 생명을 구한 설런버거 기장이 떠오른다. 최근에 영화화되면서 그 스토리가 알려졌다. 많은 인명을 구했건만 설런버거 기장은 청문회장에서 시뮬레이션 결과 인근 공항에 착륙할 수 있었음에도 강에 비상착륙한 것은 잘못된 대처라고 공격받는다.

설런버거 기장은 그 시뮬레이션에 인간적인 요소human factor도 고려되어야 한다면서 "수많은 사람이 죽을 수 있는 이런 절체절명의 상황에서 어떤 조종사가 즉시 회항을 결정하고 곡예비행을 할 수 있겠는가?"라고 반론을 제기한다. 한마디로 시뮬레이션은 최선의 시나리오를 전제해 결과만 가지고 옳고 그름을 판단하며, 인간이 반응하고 생각할 틈은 주지 않았다는 이야기다. 결국 설런버거 기장의 주장을 반영해 다시 시뮬레이션이 시행되었고 그의 판단이 옳았음이 밝혀진다. 수천 번의 이착륙으로 축적된 경험, 기장으로서의 책임감, 그리고 현장에서의 직관이 사람들을 살린 것이다.

검사 업무의 특성상 여러 기대에 부응해야 한다는 압박감이 크다. 그러다 보니 법적 권한이나 매뉴얼에 어긋나지 않는 범위에서 최대한 권한을 행사하며 막 내달리는 경우가 있을 수 있다. 실적을 내야 된다는 부담감과 해내지 못했을 때 나를 바라보는 시선들이 두려워서라도 무리하는 경우가 생긴다.

이때 검사가 해야 하는 것이 법률과 판례 검토, 조사 실력 발휘만은 아닐 것이다. 축적된 경험을 바탕으로 직관을 발휘해야 한다. 그 직관으로 깊숙이 숨겨진 거대 범죄를 파헤칠 수도 있고 피의자가 자신을 해치는 것을 막을 수도 있다. 현장에서의 미묘한 분위기, 표정, 말의 맥락 등을 종합적으로 분석해낼 수 있어야 한다.

법무연수원에서 갓 임관된 신임 검사들을 1년 동안 가르치고 일선으로 내보내는 업무를 2년째 하고 있는 나로서는 되도록 이런 직관을 갖추고 검사 업무를 시작하라고 권하고 싶다. 그러나 직관이라는 것이 책이나 판례를 보고 길러지는 것이 아니기에 안타깝다. 머리에 같은 내용의 의학지식을 갖고 있더라도 경력이 있는 의사와 인턴을 달리 취급하는 이유도 같을 것이다. 생명을 살리고 죽이는 급박한 순간에는 특히 직관이 중요하다.

얼마 전 신임 검사들이 법무연수원에서 7개월 교육을 마치고 일선 검찰청으로 실무 수습을 나가기 전에 자신의 비전을 발표하는 시간을 가졌다. 사실 내 비전도 못 챙기는 마당에 남의 비전을 듣는다는 것이 그리 탐탁지 않았고 교수들이 지켜보면 신임 검사들이 부담을 갖지 않을까 하는 걱정도 들었다. 하지만 역시 깨어 있는 젊은 검사들은 그 비전도 남달랐다. 정의와 청렴함을 다지는 데 그치지 않고 힘들어하는 타인을 다독여주겠다는 포부가 제일 많았다. 그중에서도 '이 친구가 어디서 이런 말을 들었을까' 싶은 문장들이 있었다.

"한 사람이 우는 것은 그 인생이 우는 것이다."

"누군가의 아픔을 함께 아파하고 눈물을 닦아주는 그런 검사가 되고 싶다."

신임 검사들을 보고 있자니 몇 년 전 내가 공판 검사를 할 때가 생각난다. 공판 검사는 수사검사가 기소한 사건을 법정에서 유죄 판결이 나도록 증거를 제시하고 구형하는 업무를 한다. 잘나가던 코스닥 상장 회사를 운영하던 사람이 사업이 망하면서 사기, 횡령, 배임으로 기소되어 피고인석에 앉아 있었다. 나는 수사검사가 구형란에 적은 대로 "피고인에게 징역 7년을 선고해주시기 바랍니다."라고 구형하고 앉았다. '7년'이라고 말하면서 사실 나도 약간 놀랐다. 피고인은 고개를 무릎에 파묻고 흐느껴 울었다. 그 옆에 있는 변호인은 원망스럽다는 듯이 나를 바라보고 피고인의 등을 토닥여준다. 방청석에서도 한 젊은 여인이 흐느낀다. 피고인의 처일 것이다. 7년이란 세월이 어떤 세월인가. 그 피고인의 초등학교, 중학교 다니는 자녀들이 모두 대학생이 되었을 때가 아닌가. 그 흐느끼는 모습을 보고 나도 속으로 내 아이들을 생각하면서 아득한 생각이 들었다.

나도 신임 검사 때 각오가 있었다. 사건 한 건 한 건을 소홀히 하지 않고 최선을 다하겠노라고. 그리고 일로 봉사하면서 보람을 찾겠노라고. 그러나 자정 넘어까지 일해도 끝없이 밀려드는 업무에

서류가 그냥 서류로 보일 뿐, 그 안에 들어 있는 사람들의 인생을 보지 못하는 때가 많아졌다. 신임 검사들의 말이 또다시 나를 가르친다.

"기록 너머에 사람이 있음을 잊지 말자."

우리 검찰에 필수품이 무엇일지 생각해본다. 국가 시스템을 마비시키는 거악들에 대해서는 전 검찰이 힘을 집중하여 척결해야 한다. 특별수사의 중요성이 항상 강조되는 이유가 여기에 있다. 하지만 여론의 주목을 받지는 않아도, 검사들이 그다지 선호하지는 않아도, 민원인들의 아픈 곳을 어루만져주고 가려운 곳을 긁어주는 형사부 역시 검찰의 필수품이라고 생각한다. 이리저리 세상일에 치여 상처받은 사람들이 각자 사연을 들고 찾는 검찰청의 형사부. 그곳의 검사들이 검찰의 명품이며 필수품이다.

영어도 잘 못하면서 맨손으로 미국에 건너가 화장품 업계에서 크게 성공한 나테라 인터내셔널 송진국 회장의 《조선일보》 인터뷰 내용이 눈에 들어온다.

"무협지를 보면 보검을 차지하려고 다들 싸우잖아요. 보검을 지닌 사람은 누군가를 죽이고 또 결국 죽임을 당하죠. 그런데 식칼을 지닌 사람은 그걸로 장사하고 돈을 잘 벌 수 있단 말이죠. 저는 좋은 식칼을 만들고 싶어요. 직원들에게 헌신하고 욕심내지 않고 천천히 가다 보면 식칼로는 일등 할 수 있지 않을까 싶은 거죠."

사건 자체에 매몰되기보다는 사건에 녹아 있는 인생을 봐야 한다는 기특한 생각을 가진 신임 검사들. 국민이 내려준 잘 드는 식칼로 열심히 사건이라는 식재료를 다듬어 맛있는 음식을 차려내는 그들의 모습을 그려본다. 그리고 얼마 후 자신이 아끼던 그 식칼이 원래는 보검이었음을 깨닫고 미소 짓는 모습도.

우린 역시
미생

•
•
•

초임 검사 시절이다. 실수투성이로 지낸 일 년이었다. 그 시절 부장님이 바로잡아주지 않았다면 아마도 대형 사고를 치고 주저앉았을 수도 있다. 하루하루 살얼음판을 딛는 것처럼 위태로웠다.

옆방에서 일하던 검사가 갑자기 아침 일찍 기록을 들고 내 방에 찾아왔다. 같은 해에 임용됐으나 사법연수원 기수로는 내가 선배였다.

“선배님, 큰일 났습니다. 제가 아무래도 구속기간을 도과시켜버린 것 같습니다. 이거 어떡하죠?”

“예? 어쩌다가요?”

구속사건은 구속기간 내에 기소하거나 석방해야 하는데 그것을 그냥 도과시켰다는 것은 엄청난 책임이 돌아온다는 것을 의미한다. 모든 검사들의 악몽에 나오는 한 장면이 눈앞에 펼쳐지고 있었던 것이다. 하지만 어찌하랴. 나 역시 초임 검사로서 사람 구실 제대로 못하고 있는 것을. 그 검사는 나에게 도움도, 위로도 받지 못한 채 부장님께 사건을 들고 갔다.

잠시 후에 그는 환한 웃음을 지으며 내 방에 다시 들어왔다. 죽다 살아난 얼굴이다. 말을 듣고보니 우리 부장님이 다시 보였다.

그 초임 검사가 부장님께 이실직고를 한다.

"부장님! 제가 큰 실수를 했습니다. 구속기간을 넘겨버린 것 같습니다. 죄송합니다!"

"응? 그래? 아이다. 뭔가 있을 끼다. 함 찾아보재이."

부장님은 질책 대신 사건을 앞에 놓고 그 옆에 법전을 펼치더니 궁리를 시작했다. 10분이나 지났을까.

"봐라, 이놈아야, 여기 있다 아이가? 피의자가 구속적부심을 청구해서 기록이 법원에 갔다 오는 바람에 이틀이 구속기간에서 빠져부렀다 아이가! 구속기간이 아직 이틀 남았네."

"아! 부장님, 그러네요. 정말 감사합니다. 그리고 죄송합니다."

"아이다. 초임 때는 그럴 수도 있재. 경력이 돼서 실수 안 할라믄 지금 많이 실수해야 되는 기라. 부장이 이런 일 할라고 있는 거 아이가? 니 열심히 하는 것 다 알고 있대이."

이 사건이 계기가 된 것인지 그 후배검사는 초임검사 중에서 제일 열심히 하는 검사로 인정받았다. 그리고 경력이 쌓이면서 누구나 선호하는 부서에서 일하는 검사가 됐다. 그는 만날 때마다 이 에피소드를 얘기하면서 부장님의 도움과 격려에 감사했다.

최근에 드라마로 방영된 윤태호 작가의 만화 「미생」에서 '오 과장'이 많은 사랑을 받았다. 권모술수가 난무하는 회사 내에서 온갖 유혹에도 흔들리지 않고 중심을 잡고 역경을 극복하는 모습이 사람들을 사로잡았을 것이다. 한마디로 '정의로운 사람'으로 묘사됐다. 나는 다른 각도에서 오 과장에게 빠져들었다. 장그래와 같은 신입사원을 대하는 모습에서 검찰청에서 존경받는 인물들의 모습을 찾을 수 있었다. 때로는 엄격하게 일을 가르치고 때로는 실수를 따뜻하게 감싸주는 장면들을 보며 진정한 휴머니즘을 느꼈다. 그리고 사람의 직위나 경력보다는 그 사람의 말에 집중하는 모습이 좋아 보였다. 그런 사람이라면 믿고 따를 수 있을 것 같았다. 나를 진정으로 성장시킬 수 있는 사람인 것이다.

검찰 선배 중에 정말 거인巨人처럼 생각되는 분이 있다. 그분은 특수통으로 불렸는데, 직접 본 사람들은 '저런 분이 무슨 특수통이야.'라고 생각할 정도로 자상하고 겸손하다. 말도 항상 사근사근하다. 그분에 대한 유명한 일화가 있다.

거인 선배가 지방에서 검사 생활을 하면서 한 회사의 대표를 구속했다. 구속한 다음 날 그 대표의 어머니가 검사실에 찾아왔다. 대표 어머니가 검사실 문을 열고 들어오자 거인 선배는 바로 달려나가 그분의 손을 잡고 "어머님, 어서 오세요. 여기 앉으세요."라면서 소파로 안내했다. 음료수를 대접하면서 사건의 내용을 자세히 설명했다. 그리고 '아드님이 큰 죄를 지은 것은 아니어서 최소한의 처벌만 받을 것이니 너무 걱정하지 마시라.'고 했다.

그러자 대표의 어머니가 눈물을 보이며 여기까지 온 이유를 얘기했다. 하나밖에 없는 아들이 구속됐다는 소식을 듣고 하늘이 무너지는 듯한 충격을 받았다. 그래서 농약을 손에 들고 검찰청에 찾아가 검사 앞에서 약을 먹으려고 왔는데, 검사가 자신의 손을 잡고 '어머님'이라고 부르면서 친절하게 설명해주니 차마 약을 먹을 수가 없었다는 것이다. 만약 거인 선배가 대표의 어머니에게 문 앞에서 돌아가시라고 했다면 어떻게 되었을지 상상만 해도 끔찍하다. 인간애를 가진 따사로움은 사람의 생명도 구할 수 있는 것이다.

거인 선배를 지켜봐 온 사람들은 하나같이 사람을 대하는 그분의 태도에 혀를 내두른다. 동료 선후배들을 대하는 태도나 피의자를 대하는 태도가 똑같다고 한다. 사람은 지위나 처한 상황에 따라 달리 취급되어서는 안 된다는 것이다. 피의자가 부인한다고 하여 톤이 높아지는 것이 아니라 계속 설득한다. 그러면 피의자도 어느 순간 검사의 겸손한 태도와 진심에 감동하여 사실대로 얘기한다고 한다.

많지는 않지만 그 반대의 사례도 찾을 수 있다. '내가 예전에 이 정도 고생했으니 너희들도 이 정도는 당연히 견뎌야 하는 거야!'라는 전제하에 주위 사람들을 대하는 이들이 있다. 물론 사람은 고통이 닥쳤을 때 이를 이겨내면서 성장하는 것을 부인할 수 없다. 하지만 인간에 대한 애정이 없는 질책은 화풀이에 불과하다. '분노의 화신'으로 불리는 사람들은 반드시 그 이유가 있다. 같은 내용이라도 전달하는 수단이 거칠다는 뜻이다.

물론 그런 대인관계도 단기적으로는 좋은 결과를 얻을 수 있을 것이다. 그러나 주위의 누구도 승복시키지 못할 뿐 아니라 먼 인생길 어디에선가 후회하는 자신을 발견할 것이다. 진정으로 강한 사람은 약자에게는 약한 법이다.

'나는 마음은 그렇지 않은데 말본새가 원래 이래. 오해하지 않았으면 좋겠어.' 하는 사람도 더러 있지만 이 역시 자기변명에 불과하다. 주위를 둘러보면 말주변이 없어도 존경받는 사람들을 쉽게 볼 수 있다. 개도 진짜 칭찬과 가짜 칭찬을 구별한다고 한다. 하물며 사람이야 어떻겠는가. 진정성과 따뜻함을 지닌 사람이 귀하게 여겨지는 이유가 있다.

요즘은 기성세대나 젊은 세대나 모두 힘든 세상이다. 말로 다 표현하지 않아도 엄청난 부담감으로 하루하루를 버텨내는 사람들이 대부분이다. 딱딱한 지적 대신에 따뜻한 위로의 한마디가 필요한 시점이다. 우린 서로서로 치유제 같은 존재가 되어야 한다.

「미생」에는 회사에 필요한 임원은 "두 발을 땅에 딛고서도 별을 볼 수 있는 거인"이라고 표현하는 장면이 나온다. '발을 땅에 딛는다.'는 것은 상층부만 바라보지 말고 하층의 현실도 직시하라는 의미이겠지만 나에게는 좀 달리 다가온다. 그 큰 다리를 땅에 딛고서서 주위 사람들이 기댈 수 있는 '버팀목'이 되라는 의미로 보면 어떨까?

아무도 나에게 삶을 가르쳐주지 않았다

초임 검사 시절, 검사실에서 24시간이 모자랄 정도로 바쁘게 살고 있었다. 사무실에 찾아오는 피의자, 고소인, 피해자의 진술, 그들이 제출하는 서류에서 진실을 찾으려고 애썼다. 그럴수록 '이 길이 내가 선택한 길이 맞는가?'라고 자문하는 날들이 많아졌다. 교과서와 선배들로부터 무수한 가르침을 받았으나 여전히 마음 한구석이 공허하기는 마찬가지였다.

검사 생활에서 오는 피로로 하루하루 힘들어했지만 그 피로 위에 삶으로부터 오는 배움도 켜켜이 쌓여갔다. 초임 검사 시절 검사실과 법정에서 목격했던 수많은 인생들 중에서 유독 나에게 삶의 애잔함을 가르쳐준 사건들이 생각난다.

검사 생활 10개월이 되어가던 겨울날 한 통의 진정서가 접수됐다. 진정인은 여대생이었다. 자기 아버지가 뺑소니 교통사고로 인사불성이 되어 병원에 입원했는데 경찰이 수사를 하지 않는다는 내용이었다. 진정서를 읽는데 상당히 고통스러웠다. 글에 띄어쓰기가 전혀 없었다. 정신이상 환자는 자기가 쓴 글자와 글자 사이에 누군가 몰래 글자를 끼워 넣을까 봐 일부러 띄어쓰기를 하지 않는다던 옆방 선배님의 말씀이 떠올랐다. 전형적인 정신병자가 작성한 글로 생각하고 조사 없이 종결하려다 '검찰청에 하소연하는 것이 마지막입니다.'라는 끝 문장이 마음에 걸렸다. 수사관에게 진정서를 보여주었더니 자기가 한번 불러보겠다고 한다.

며칠 후 출입문을 약하게 '똑! 똑!' 두드리는 소리가 들리더니 젊은 여성이 얼굴을 빼꼼 들이밀었다. 그 여대생이었다. 나이가 어린 것 같기는 한데 전체적으로 너무 말라 있고 눈 밑에는 다크서클이 짙게 드리워져 있었다. 나와 수사관은 말없이 서로를 바라보며 그럴 줄 알았다는 미묘한 눈빛을 주고받았다. 한눈에 정상으로 보이지는 않았다.

그 여대생이 수사관 앞에 앉아 진정서를 제출한 이유를 설명하는데 고개를 이쪽저쪽으로 돌리며 주위를 살피는 게 무언가에 쫓기는 듯한 인상을 주었다. 15년 이상 검사실에서 잔뼈가 굵은 수사관은 여대생의 이야기를 차분하게 들어주면서 맞장구도 쳤다. 여대생이 차츰 안정을 찾고 하소연하기 시작했다.

그녀의 아버지는 사업을 하면서 지방 출장을 자주 다녔는데 어느 날 연락이 안 되어 수소문 해보니 병원에 누워 계셨단다. 아버지는 머리를 다쳐서 딸도 알아보지 못했다. 경찰관에게 알아보니 아버지 과실로 전봇대를 들이받아 사고가 난 것이라고 했다. 자기가 보기에는 다른 차에 피해를 입은 것 같은데 경찰서에서 더 이상 가해 차량을 찾으려고 하지 않아서 이렇게 진정서를 내게 되었다고 했다.

수사관은 조사해볼 테니 우선 집에 가서 기다리라 하고 여대생을 돌려보냈다. 그리고 해당 경찰서에 전화를 걸어 담당 경찰관과 통화하더니 사건의 기록 사본을 받았다. 기록에는 여대생이 말해주지 않은 부분이 있었다. 그녀의 아버지는 심한 뇌종양을 앓고 있었던 것이다. 그는 뇌종양 진단을 받고도 가족을 위해 지방 출장을 다니면서 열심히 영업을 했다. 그러다 증세가 악화돼 운전하던 중 정신을 잃고 전봇대를 받은 것이다. 다른 차량으로 인해 사고를 당했다고 보기는 어려웠다.

다시 여대생을 검사실로 오라고 했다. 수사관이 조사 결과를 자세히 설명해줬다. 그녀는 그제야 고개를 끄덕인다. 그리고 눈가가 촉촉해지더니 아버지와의 각별한 추억들을 이야기했다. 아버지가 어렸을 때부터 자기를 무척 예뻐했고 자기 역시 아버지를 잘 따랐다고 한다. 자신은 그런 아버지가 의식 없이 누워 있다는 사실 자체를 믿지 못하겠단다.

한 달쯤 후에 그 여대생이 손에 뭔가를 들고 검사실을 찾아왔다. 얼굴에 살도 좀 오르고 뽀얗게 안색이 좋아졌다. 자기 하소연을 잘 들어준 것이 고마워서 선물을 만들어 왔단다. 어려운 아이들을 돕기 위해 뜨개질 공예로 봉사 활동을 시작했는데, 나와 수사관 생각이 나서 직접 만든 공예품을 두 개 가져왔다고 했다. 만류하는데도 한사코 책상 위에 던져놓고 문을 나서는데 발걸음이 가볍다.

뭔가 약간 속은 느낌이 든다. 하지만 불쾌한 느낌은 아니다. 그 여대생은 아마도 따뜻한 눈길로 바라봐주고 정성껏 들어주는 그런 사람이 필요했나 보다. 처음부터 조사는 의미가 없었다. 그냥 들어주기만 하면 됐을 뿐.

검사실뿐만 아니라 법정에서도 삶을 배운다. 하루 종일 법정에서 수사검사가 기소해놓은 수많은 사건들을 보고 있노라면 기계가 된 느낌을 받기도 한다. 그러나 분명한 것은 사건 하나에 적어도 하나 이상의 인생이 달렸다는 점이다.

초임 검사 시절 공판검사 업무를 맡았을 때 일이다. 교통사고로 일곱 살 유치원생이 사망한 사건이 있었다. 피고인은 스물네 살의 젊은 여성이었다. 그녀는 대학을 졸업했지만 취업이 되지 않아 임시로 유치원 승합차를 운전했다. 사건 당일 아이들을 집까지 데려다주는데 자꾸 시간이 지체되어 마음이 좀 급해졌다. 그러다 보니 차에서 내려준 아이의 옷자락이 차 문에 낀 것을 미처 보지 못한 채 출발했고 아이를 사망에 이르게 한 것이다.

자백하는 사건이라 나는 간략히 증거조사를 마치고 피고인을 징역형에 처해달라고 구형하고 자리에 앉았다. 최후진술을 하라고 하자 파란 수의를 입은 피고인이 일어나 판사에게 허리 숙여 절을 한다. 그리고 방청석을 향하여 더 깊게 허리를 숙인다. 그 장면이 마치 누군가 필름을 천천히 돌리는 것처럼 느릿느릿, 하지만 또렷하게 머릿속에 남아 있다. 피고인은 울면서 자신의 짧은 인생을 이야기했다.

"어린 생명을 죽게 만든 것은 변명의 여지가 없습니다. 하늘나라에 있는 아이에게 정말 미안합니다. 그리고 더욱이 가슴 아파할 아이의 가족들에게 죄송합니다. 이 죄를 어떻게 용서받을 수 있겠습니까. 다만 말기 암에 걸려서도 딸자식 걱정만 하고 있는 엄마가 걱정스럽습니다. 제가 어렸을 때부터 고생만 하셨는데 또 이렇게 걱정을 끼치게 되어 죄송스럽습니다. 법에서 정한 처벌을 달게 받겠지만, 불쌍한 저희 어머니를 생각해주시면 감사하겠습니다. 다시 한번 아이와 유족께 죄송합니다."

피고인이 말을 마치고 자리에 앉는데 방청석에서 큰 소리들이 들린다. 이쪽에서는 "불쌍한 우리 딸 좀 선처해주세요. 살려주세요." 라면서 우는 소리가 들린다. 저쪽에서는 "억울하게 죽은 내 아들 살려내! 우리 손자 살려내!"라면서 울부짖는다. 피고인의 가족은 딸의 인생을 위해 울고, 피해자의 가족은 사라져버린 피해자의 인생을 위해 운다. 그리고 모두의 기구한 인생을 위해 운다. 사건 기록은 흔적도 없이 사라지고, 심하게 얽혀 풀릴 가망 없는 인생의 실타래가 눈앞에 펼쳐진다.

이 상황에서 아무것도 할 수 없는 젊은 검사는 먹먹해져 앉아 있다. 그저 물끄러미 삶과 죽음이 공존하는 현장을 지켜보고만 있다.

검사 생활을 시작하기 전에 이러한 삶들이 나를 기다리고 있다는 것을 알았으면 좋았으련만. 누구라도 좀 가르쳐주었으면 좋으련만. 생각지도 못한 타인의 인생을 들여다보면서 사회 초년생인 나의 가슴은 두려움으로 요동친다. 앞으로 내 앞에 펼쳐질 수많은 삶의 민낯들을 어떻게 마주할 것인가.

나는 그 인생들로부터 멀찍이 떨어져 바라볼 수 있는 배심원도 아니고 지나가는 행인도 아니다. 그들의 먼 미래를 바꿀 수는 없어도 눈앞에 닥친 상황에 작게나마 영향을 미쳐야 하는 검사다. 삶과 죽음, 피해자와 피의자, 분노와 처절함으로 들끓는 인생의 도가니를 지켜보는 이 순간이 두렵지만, 그들의 인생으로부터 도망칠 수 없는 것 또한 검사라는 직업의 비애다.

인생은 나에게 삶의 기쁨보다는 상처를 먼저 가르치려 든다. 그런 인생 앞에 용기 내어 이렇게 맹세해본다. 지금부터 내가 부딪칠 순간들을 두려움 없이 대할 것이다. 그리고 내 눈앞의 인생에 귀를 기울이며 삶을 배워나가리라.

누군가의 마음에 희망의 씨앗을 심는 일

검사 생활 4년 차에 접어들 때쯤이면 사건 처리에 자신감이 생기는 동시에 점점 관료적 절차에 기대려는 안이함도 생긴다. 경찰에서 구속하여 송치된 사건은 구속된 상태로 기소하고, 불구속 상태로 온 사건은 특별한 사정이 없으면 그대로 불구속 기소하고, 그냥 빨리 내 사건부에서 지워버리고 싶어진다. 마음 깊은 곳에서는 내 초심을 들먹이며 '사건 한 건 한 건에 심혈을 기울이겠다던 다짐은 어디 간 거야?'라면서 질책하지만, 몸을 움직이는 중추에서는 전혀 다른 방향으로 키를 잡은 모양이다.

그 무렵 경찰에서 한 중국 동포 여성을 구속하여 송치했다. 위장

결혼을 하여 국내에 입국한 뒤 전혀 다른 곳에서 다른 한국 남자와 살림을 차려 살고 있다가 수사망에 걸려들었다. 당시는 국내에 취업하기 위해 위장결혼을 하는 사건이 유행하였기 때문에 별로 특이할 것도 없었다. 그녀는 위장결혼을 하여 국내에 입국한 것은 사실이지만 여기에서 좋은 남자를 만나 가정을 이루었단다. 그리고 그 남자와 정상적으로 결혼하기 위해 위장결혼 상태를 해소하려고 이혼소송을 했다가 발각된 것이라고 한다.

이틀 후 그녀의 남편이라는 사람이 사무실에 찾아왔다. 자기가 그 여자와 함께 살고 있는 남편인데, 서로 사랑하는 사이이니 결혼하여 살 수 있게 선처해달라고 한다. 그녀를 만나 세상에 나온 이후 제일 행복한 날들을 보내고 있었는데 갑자기 구속되는 바람에 모든 희망이 사라졌다고 한다. 농사를 지으며 아이들과 행복하게 사는 꿈을 그렸다며 눈물을 글썽인다. 그리고 그녀가 임신 초기라 걱정된다면서 면담을 하게 해달라고 했다. 그러고 보니 그녀가 구속 송치된 첫날부터 자신의 배를 조심스럽게 어루만지던 게 생각났다.

남편이라는 사람과 면담하도록 해주니 서로를 걱정하고 위하는 부부의 정이 남다르다. 그녀는 남편을 보자마자 눈물을 흘린다. 풀려나려고 거짓말하는 것으로 보이지 않았다. 남편이 나간 뒤 그녀는 배가 아프다고 호소했다. 풀려나려고 쇼하는 것으로 보기에는 뭔가 꺼림칙하다.

한번 구속한 사건은 아주 특별한 사정이 있지 않으면 풀어주지 않고 그냥 기소해버린다. 검찰 간부들도 석방 여부를 판단하는 것에는 좀 엄격하다. 갈등되는 상황이다. 편하게 기소해버릴 것인가? 아니면 '석방건의서'를 만들어 보고하는 귀찮은 상황으로 갈 것인가? 만약 나를 속이는 것이라면……? 잠시의 망설임 끝에 '속여도 별수 없다.'는 쪽을 택했다. 속더라도 태아가 잘못되어 평생 죄책감을 갖고 사는 것보다는 나을 것 같았다. 그리고 내 눈앞에서 보여줬던 다정한 모습을 믿고 싶었다. 속으면 좀 어떠랴, 싶을 정도로 따뜻한 모습이었다.

석방 사유를 이것저것 넣어서 '석방건의서'를 만들어 지청장님께 가지고 갔다. 예상대로 속는 것 아니냐고 염려하신다. 솔직히 말씀드렸다. 속을 가능성이 반반인데, 속이지 않았을 경우 최악의 사태를 내 스스로 감당하기 어려울 것 같다고. 결국 나만큼 마음씨 착한 청장님도 석방하라고 하신다.

구속하는 절차는 복잡한데 석방하는 절차는 간단하다. 서류 한 장 적고 그냥 내보내면 된다. 남편에게 전화해서 아내를 데려가라고 했더니 한 시간도 안 돼 달려온다. 서로 부둥켜안고 우는 모습에 살짝 감정이입이 될 뻔했다.

수개월 지난 후에 부부가 검사실로 편지를 보내왔다. '믿어주신 검사님 덕분에 현재 남편과 혼인신고하고 제대로 잘 살고 있다'고. 농사짓는 것이 쉽지 않지만 작고 소박한 꿈을 좇으며 살 것이라고 한다. 사진도 동봉했다. 시골 양옥집 앞에서 두 사람이 함께 찍은 사진이었는데 여자의 배가 남산만 하다. 두 사람의 얼굴에서 미소와 더불어 희망이 보인다.

한 번 속으니(?) 속을 일만 생기는 것 같다.

불구속 사건인데 대형마트에서 젊은 새댁이 가방에 이것저것 물건을 숨겨 가지고 나온 사건이다. 기록을 보니 분유, 햄 등 유아용품과 생필품이 주를 이루었다. 경찰에서 이미 자백한 사건이고 증거가 명백해서 조사할 필요성이 있을까 하는 생각으로 벌금 50만원에 약식기소하려고 했다. 그런데 절도 품목에 분유가 있다는 것이 마음에 걸렸다. 수사관에게 피의자를 조사해달라고 했다.

다음 날 피의자라는 젊은 여자가 검사실에 들어왔다. 그런데 혼자가 아니다. 백일 정도 되어 보이는 아기를 품에 안고 왔다. 아무리 아기가 있다 해도 검사실에 조사받으러 오면서 아기를 데리고 오는 경우는 없었다. 가족이나 주변에 잠깐이라도 맡기고 오는데 참 특이한 케이스다. 잠깐도 맡길 수 없는 형편이겠거니 생각했다. 한편으로는 맡기고 올 수 있는데도 동정심을 유발해서 선처 받으려는 것이 아닐까 하는 생각도 든다. 단단히 마음먹는다.

'오늘은 정신 차리고 속지 않으리.'

피의자가 수사관 건너편 자리에 앉아 무릎 위에 아기를 올려놓고 조사를 받는다. 그런데 아기가 참 밝다. 낯선 아저씨를 보면 무서울 법도 하건만 그냥 방긋방긋 웃는다. 그 모습을 멀찍이 바라보고 있는 나도 귀여워 웃음을 참기가 힘들 정도다.

아기가 얼마나 우리의 사정을 봐주겠는가. 급기야 기분이 급상승된 아기가 '아, 아, 아!' 신나는 외마디들을 쏟아낸다. 자기를 바라보고 있는 사람들의 시선을 즐기는 것인지, 자신의 엄마를 조사하는 데 항의하는 것인지 알 수가 없다. 구경하는 우리는 재미있는데 조사하는 수사관이나 조사받는 엄마는 죽을상을 하고 있다.

아이의 칭얼거림이 계속되자 맞은편에서 기록을 보고 있던 여자 수사관이 일어나 아기 쪽으로 간다. 그 수사관은 아이가 둘인데 배 속에 또 아이를 가진 상태다. 그녀는 아기를 들어 올려 안더니 "까꿍, 까꿍!" 하면서 엄마 옆을 돈다. 아기는 엄마가 곁에 있어서인지 전혀 낯을 가리지 않는다. 이어서 결혼을 앞두고 있는 실무관이 아기를 받아 안는다. 얼마 지나지 않아 아기는 이제 깔깔대면서 웃어버린다. 그럴수록 엄마의 얼굴에 난처함이 커져간다. 내가 나서서 좀 정리해줬다.

"이왕 아기를 데려왔으니 우리 눈치 보지 말고 그냥 편히 조사받으세요. 우리도 다 아기 키웁니다."

한층 편안해진 상태로 조사를 받는데 그녀의 사정이 참으로 딱하다. 부모님이 반대하는 결혼을 했는데 아기가 태어나자마자 남편이 실직해서 몇 달째 생활비를 대지 못하고 있단다. 모아놓은 돈도 없고 은행 대출도 받을 수 없는 상황이 지속됐다. 연락이 되는 형제들로부터 푼돈을 빌려 쓰는데 그마저도 한계에 이르렀다. 아기의 분유가 떨어지니 눈에 보이는 게 없어져 떨리는 마음으로 대형마트에서 범행하게 된 것이다.

나도 부모다 보니 그녀를 혼내기만도 어려웠다. 나라고 그 입장에 처하면 다를 것인가라는 생각이 들었다. 뜻하지 않게 인생의 밑바닥을 경험하면서 얼마나 힘들고 지치고 떨렸을 것인가. 처음으로 아기를 위해 용기를 냈는데 그것이 범죄가 되어버린 현실이다.

그녀에게 벌금 50만 원을 내라면 사형선고나 다름없다. 그 벌금 내자고 돈을 훔쳐야 할 판이다. 돈의 가치가 사람마다 다르다는 것을 절실히 느끼게 된다. 그 모자가 가자마자 수사관들과 실무관이 하나같이 선처했으면 하는 눈치를 보인다. 나라고 별수 있겠나. 이번에 한해 선처한다는 기소유예 처분을 했다. 내 결정에 우리 방은 들리지 않는 환호로 가득했다.

우리 방 구성원들의 응원이 모자에게 희망의 메시지가 되었으면 좋겠다. 오늘 그들 덕분에 검사실이 즐거움으로 가득했듯이, 우리의 응원에 힘입어 그들 마음이 희망으로 가득하기를 빈다. 그리고 그 자리에 머무르지 말고 언젠가는 다른 사람의 희망이 되기를 소망한다.

오늘 당신의 마음을 읽고 다독이다

앞서 언급했듯 법무연수원에서 2년째 법학전문대학원을 졸업한 신임 검사들을 가르치고 있다. 이 검사들은 나와 같은 사법시험 세대가 아니다. 법학전문대학원을 졸업한 후 변호사 시험에 합격하고 검사 선발 과정까지 거쳐 정말 어렵게 검사가 된다. 선발 과정을 보면 단순히 공부만 잘해서는 뽑히기 어려워보인다. 각각의 선발 단계에서 종합적 사고력, 발표력, 인성 등 여러 요소가 고려된다. 사법시험 세대 부장검사들은 이 과정을 보면서 "지금 같았으면 우리는 검사가 못 되었을 거야." 하며 혀를 내두른다. 공판 실무를 가르치는 나로서는 흡인력 좋은 후배들의 성장하는 모습이 흐뭇하다.

신임 검사들에게 국민참여재판(일명 '배심재판') 방식으로 모의재판을 실시하기로 했다. 그러자면 우선 실제 기록이 필요했다. 인근 검찰청에서 지난 몇 년 동안 이루어졌던 국민참여재판 사건 기록들을 검토해 적당한 것을 찾았다. 사안이나 법리가 그리 복잡하지 않으면서 여러 재판 절차를 실습하기에 딱 좋은 사건으로 보였다.

피고인은 두 명의 자녀를 둔 가정주부다. 그런데 남편이 다른 여자와 바람이 났다. 남편은 아내가 없을 때 내연녀를 집으로 데리고 와서 밥을 먹다가 아내에게 걸리기도 했다. 항의하는 아내에게 남편과 내연녀는 적반하장 식으로 화를 내고 무시했다. 남편에 비해 몸이 가냘프고 힘도 없는 아내는 그에 저항하지 못했다.

사건 당일 아내는 밖에서 남편과 내연녀가 함께 있는 모습을 봤다. 순간 화가 난 아내는 내연녀에게 따졌다. 그러자 내연녀는 그 아내를 모욕하면서 몸으로 밀어붙였다. 남편은 옆에서 내연녀 편을 들었다. 덩치가 작고 힘이 없는 아내는 일단 남편의 승용차에 들어가 몸을 피했다. 그리고 순간 너무 화가 나서 승용차의 시동을 걸고 돌진하여 내연녀를 들이받았다. 내연녀는 평생 장애를 지닐 정도의 상해를 입었다. 아내는 살인미수로 기소됐다.

이와 같은 사실관계에서는 별다른 사정이 없는 한 '살인의 고의'를 인정하게 된다. 고의가 없었다고 부인하더라도 객관적인 정황으로 보아 적어도 '죽어도 좋다.'라고 생각하고 행동했다면 고의를 인정할 수 있다는 것이다.

피고인은 살인 의도가 없었고 조작 미숙으로 일어난 사고라고 주장하고 있었다. 그러나 이미 유죄판결이 확정된 사건이고, 내가 보기에는 사안 자체가 분명했다. 너무 검사 편에 유리한 사건이다 싶어 기록을 교체할까 생각도 했다. 하지만 처음부터 너무 '쎈' 기록으로 하기보다는 이렇게 가볍게 하는 것도 괜찮을 것 같았다.

모의재판에 앞서 신임 검사들 모두 검사와 변호인으로 나누어 최후변론을 준비하게 했다. 그리고 배심원들 앞에서 최후변론 하는 연습을 실시했다. 기록 검토 연습과 더불어 스피치 연습도 하니 일석이조였다. 실습에 앞서 배심원을 설득하기 위해선 '스토리텔링' 기법을 써야 한다는 등 이론도 주입시켰다.

실습 당일 검사와 변호인의 최후변론을 번갈아가면서 듣는데, 예상이 빗나가고 있었다. 십수 년 동안 검사 편에서 일해온 나의 귀에 검사의 변론이 제대로 들어오지 않았다. 검사 역할을 한 신임 검사들이 준비를 안 했다거나 어설펐다는 것이 아니다. 내가 가르쳐준 스토리텔링 방식으로 하는데도 영 마음에 울림을 주지 못했다. 아차 싶었다.

반대로 변호인의 변론은 가슴에 와 닿았다. 변호인 역할을 맡은 한 여검사는 이렇게 변론했다.

“오늘 이 재판은 지난 삼십 년을 남편, 시부모님, 자식을 위해 헌신하고 희생해온 한 여성이, 홀로 무참하게 내버려진 상태에서 벌인 예상치 못한 사고에 대해 진실을 가리기 위해 선 자리입니다. 검사는 이 여성을 살인미수라는 끔찍하고도 무서운 죄명으로 법정에 세웠고, 여러분은 과연 이 여성이 정말 사람을 죽일 생각으로 사고를 냈는지 판단해주셔야 합니다. 누가 봐도 남편과 내연녀의 행동은 충분히 죽이고 싶은 행동이니 피고인이 죽이려는 마음으로 그렇게 행동했을 것이라는 주장은 정말 막연하고도 무책임합니다. 부인의 상처를 어루만지고 보살피기는커녕 그 상처를 이유로 ‘너 살인자 아냐?’라는 의심을 하고 있는 것입니다. 평생을 행복한 가정을 위해 애써온 한 어머니가, 사람이라면 견디기 힘든 수많은 고난 속에서도 신앙의 힘으로 버텨온 그 강인한 여성이, 한순간의 분노로 사람을 죽이겠다고 마음먹을 수는 없는 것입니다. 자신을 인간 취급하지 않는 저들에게, 항상 희생만 해온 나를 바보 천치로 아는 저들에게, ‘당신들이 나에게 이러면 안 된다. 나도 화를 낼 줄 아는 인간이다.’라는 것을 보여주기 위해 운전했다가 큰 사고로 이어지게 된 것입니다. 피고인은 이전에 남편이 외도를 저질렀을 때도 가정을 지키고자 자식들에게 그 사실을 숨기고 기도하며 남편이 돌아오길 홀로 기다렸습니다. 피고인은 이처럼 바보스럽게도 헌신하며 희생하는 아내이자 어머니였습니다. 검사가 내세운 이 부실한 근거만으로 그동안 피고인이 살아온 그 곧은 삶을 쉽게 뒤집을 수는 없습니다. 그동안 아무런 죄 없이 자식들을 위해 살아온 그녀에게 다시 한 번 새로운 삶을 시작할 수 있도록 기회를 주시길, 선처해주시길 간곡히, 간곡히 부탁드립니다."

변호인은 대본을 손에 들고 있지만 보지는 않았다. 대신 배심원들의 눈을 하나하나 보면서 호소력 짙게 변론했다. 넓은 교실에, 아니 넓은 법정에서 오직 변호인의 말만 존재했다. 변론이 끝났는데도 다들 그 울림이 그치기를 기다리고 있었다. 이윽고 우레와 같은 박수가 터져나왔다.

내 예상과 전혀 다르게 전개되니 어안이 벙벙했다. 검사가 아닌 객관적인 제3자의 입장으로 보니 사건이 전혀 새로운 내용으로 다가왔다. 실제 기록의 뒷부분을 보니 배심원 9명 중 3명이 살인미수에 대해서 무죄 의견을 냈다. 법조 전문가의 눈에는 백퍼센트 살인미수 유죄인데 말이다.

세상 사람들은 어떤 사람이 나쁜 일을 당하면 '그 사람이 평소에 뭔가 잘못을 했겠지.'라고 생각하는 경향이 있다. 남의 고통을 쉽게 말하는 것이다. 하지만 삶이 항상 내가 원하는 방향으로만 흘러가지 않는다는 것을 안다면 그 무관심의 화살이 내게 올 수 있다는 것도 알아야 한다.

피고인은 비록 유죄선고를 받았지만 변호인의 최후변론은 그에게 큰 위로가 되었을 것이다. 수감되어 몇 년간 힘든 삶을 살더라도 그것을 형벌로 여기지 않을 것이다. 피고인은 선함의 경계 안쪽에서 평생을 살다가 어쩌다 잠깐 그 경계를 넘은 사람이다. 자신의 마음을 읽고 다독여주는 사람이 있기에 피고인은 과거의 고뇌에서 벗어나 진정한 자유를 누리게 될 것이다.

신임 검사들이 진짜 사건을 대하기 전에 이 사건을 만난 것이 다행으로 여겨졌다. 삶에 연습이 없듯 사건 수사도 연습은 없을 것이다. 일선 검찰청에 나가면 수많은 인생이 담긴 사건들을 만날 것이 분명하다. 그때마다 이 사건을 떠올렸으면 좋겠다. 수사 기법, 공판 기술도 중요하지만 사건에 담긴 인생을 어떻게 진심으로 대하느냐가 중요하다. 신임 검사들이 마음의 눈으로 따뜻하게 사람들을 바라보고 마음의 손길로 그들의 상처를 쓰다듬는 모습을 상상해본다.

나 지금요,
안 괜찮아요

•
•
•

나만 상처 입었나. 나 역시 다른 사람들에게 상처 입히기는 마찬가지다.

검사 경력 6년 차, 한창 두꺼운 사건 기록들이 밀려올 때였다. 형사부의 수석검사다 보니 매일 오후 퇴근 무렵만 되면 두꺼운 사건들이 배당되어 오는데 그때마다 눈살이 찌푸려진다. 우리 방에 소속된 수사관 두 명 역시 같은 마음이다. 경찰에서 송치되어온 두꺼운 기록들을 뒤적여 사실관계를 파악하고 관련자들을 불러 조서를 작성하는 게 보통 일이 아니다.

사람을 상대하는 일이 어디 쉬운가. 그것도 마음이 다칠 대로 다친 사람들이다. 고성과 막말이 오갈 수 있다. 그런 사람들을 매일 조사해야 하는 수사관들이야말로 전생에 무슨 업보라도 진 것처럼 보인다. 그러다 보니 내색할 수 없는 마음의 병을 앓고 있거나 극도로 예민해지는 경우가 있다.

내가 형사부에 새로 배치되자마자 한 수사관이 "최근에 너무 예민해져 불면증도 오고 사건 조사가 힘들다."고 고백해왔다. 나는 그 수사관의 후배에게 가해질 업무 부담이 걱정되었지만, 그래도 아프다는 사람에게 사건을 더 줄 수 없어서 가벼운 사건만 조사하게 했다. 그러나 시간이 지나자 후배 수사관의 업무가 과중해져서 어쩔 수 없이 그에게 비중 있는 사건의 조사를 맡기게 되었다.

어느 날 부장님이 부서 전체 회식을 하자고 했다. 내가 방 구성원들에게 공지하는데 그 수사관이 대뜸 "저는 그런 거 안 갑니다." 한다. 그렇게 말하는 태도에 화가 좀 났지만 참으면서, "수사관님, 회식도 업무 연장선인데 그 이유가 뭐죠?"라고 물었다. 그러자 수사관은 언성을 높이면서 "일 때문에 죽겠는데 회식을 가야 합니까? 꼭 이유를 대야 합니까?"라고 말한다. 나 역시 참지 못하고 "아니, 그 이유라도 알아야 부장님께 말씀드리죠!"라고 언성을 높였다. 수사관은 짜증난다는 듯이 "저 요새 불면증 심해져서 휴직을 생각하고 있어요." 한다. 그때 내가 하지 말았어야 할 말을 했다.

"그러면 휴직계 내세요!"

순간 방 전체에 무거운 기운이 내려앉았다. 그러고 보니 요 며칠 그 수사관의 눈 밑이 좀 거뭇거뭇했던 것이 생각났다. 처음 볼 때보다 얼굴에 살도 더 빠져 보였다. 나는 너무 미안하고 어색해져서 잠시 밖으로 나갔다가 다시 들어왔다. 말없이 기록을 보고 있는 그 수사관에게 옆방에서 면담 좀 하자고 했다.

내가 먼저 큰소리 내서 죄송하다고 했다. 그도 죄송하다면서 그간의 사정을 이야기한다. 수사관 생활 15년째인데 사람들 조사하는 것이 이제 너무 무섭단다. 완벽주의 성격이다 보니 기록을 완전히 파악하고 관계인을 완벽하게 조사해야 한다는 강박관념에 빠져 지내왔다고 한다. 그러다 보니 예민해지면서 불면증이 왔는데, 휴직하자니 아내와 아이들 부양이 걱정돼서 그러지도 못하고 있다고 했다.

너무 미안했다. 그 수사관은 내가 처음 온 날 자신이 좀 아프다고 말하지 않았던가. 하루하루 칼날 위를 걷듯 고통스럽게 살아가는 사람에게 어쩌자고 그런 말을 했을까. 검사실을 '내' 사무실로 생각하다 보니 그 안에서 생활하는 사람들이 하나하나 소중한 구성원이라는 사실을 잊고 있었다. 그리고 일상 속에서 서로가 서로에게 은혜를 입고 입히는 관계라는 사실을 잊고 있었다. 그 수사관에게 "힘내세요."라고 말하기는 했는데 그 말조차 미안했다. 어쩌면 낼 힘조차, 일어설 힘조차 없었을지도 모를 일이다.

그렇게 다짐하였건만 다른 검찰청에서 한 번 더 상처 주는 행위를 하고 말았다.

공안 업무를 전담하고 있었는데 한시적으로 특별수사 업무를 겸하라는 지시를 받았다. 특별수사는 한 번 시작되면 결승점을 통과할 때까지 거의 매일 밤을 지새우고 주말까지 나와 일해야 한다. 활시위를 떠난 화살이 과녁을 뚫고서야 비로소 멈출 수 있는 것과 비견된다. 젊은 나야 상관이 없는데 우리 방 수사관 중 쉰 살이 넘은 분이 좀 걱정됐다.

아니나 다를까. 나흘 연속 증거물 분석이다, 피의자 조사다 하면서 야근했는데, 닷새째 되는 날 부장님이 저녁에 또 피의자를 조사하라고 한다. 좀 미안하긴 했지만 수사관들에게 야근하면서 조사하자고 했다. 그런데 그 수사관이 오늘은 야근 못하겠다고 하고는 곧바로 책상을 정리한다.

'어? 이게 뭐지?'

순간 당황한 나는 지금 뭐 하는 거냐고 소리쳤다. 수사관은 "지금 며칠째 이러고 있는지 아세요? 나이 먹은 저는 정말 힘듭니다. 오늘은 좀 일찍 갈게요."라고 맞받아 소리친다. 부장님의 지시를 어떻게든 이행해야 한다고 생각한 나는 더욱 큰 소리로 말하고, 하여튼 아수라장이 됐다. 다른 수사관의 만류로 진정되기는 했는데, 가만히 돌아보니 역시 내 잘못인 것만 같아 소리쳐서 미안하다고 말하고 자리에 앉았다. 그 수사관도 미안했는지 아무 말 없이 다시 앉아 야간 조사를 준비한다.

조사하고 있는 수사관을 물끄러미 바라보고 있자니 아까 한 내 행동이 너무 미안했다. 나흘 동안 야근하느라 고생했다는 말은 못할망정 집에 일찍 가고 싶다고 했다는 이유로 큰 소리를 내다니…….

객관적으로 봤을 때 그 야간 조사가 그렇게 필요한 것도 아니었다. 내일 해도 될 것을 부장님이 속도를 내고 싶은 욕심에 지시했던 것이다. 내가 부장님께 가서 '며칠 동안 수사관들이 밤샘 근무하느라 고생했으니 내일 조사하면 어떨까요?'라고 말했으면 좋았을 것을. 부장님 지시를 거역했다는 평가를 받을까봐 그 두려움으로 수사관에게 야근 지시를 한 것이다. 그 용기는 방의 리더인 내가 냈어야 했다.

말하는 '내용'을 봐야 하는데 때로 말하는 사람의 태도에 매몰되는 경우가 있다. 단순히 "너무 힘드니 쉬고 싶어요."라고 힘겹게 말하고 있는 것뿐인데, '내 말을 거역하는 것인가?'라든지, '왜 이렇게 말하는 태도가 맘에 안 들지?' 하면서 내용 외의 것에 집중하게 된다.

타인은 나와 다를 수 있음을 인정하고 너그러워져야 한다. 내가 용기를 내어 그 사람에게 다가가야 그 사람도 내 마음을 너그러이 받아준다. 마음이 통한다면 내가 네가 되고 네가 내가 된다. 마음에 집중하지 않는 순간 나는 또 하나의 나와 만날 수 있는 기회를 날려버리는 것이다.

솔직히 직장 상사든 아니든 다른 사람의 지시나 부탁을 거절하는 것은 쉬운 일이 아니다. 상당한 용기와 에너지를 필요로 한다. 상대의 부탁을 들어주면 내 개인사가 희생되는데 이를 튕겨내지 못해서 마음의 병을 얻는 사람들이 많다. 다른 사람의 관심을 놓치고 싶지 않아서, 미움을 받고 싶지 않아서 차마 용기를 내지 못하는 것이다. 때로는 주위의 시선에 신경 쓰지 않고 내 자신에게 옳은 일을 해야 하는데도 말이다. 이런 인생의 깨달음을 준 두 수사관에게 고맙고 여전히 미안하다.

'CEO 리더십 연구소'의 김성회 소장은 《조선일보》에 요새 직장 상사만 생각하면 머리가 어지럽고 가슴이 뛰는 불안한 증세를 보이는 사람들이 많다고 적었다. 일명 상사병上司病이다. 솔직히 나도 10년 넘는 검사 생활 동안 여러 상사들과 일하면서 상사병에 시달린 적이 있다. 야근을 밥 먹듯이 하면서도 내색하지 않고 씩씩한 척, 괜찮은 척했다. 힘들었지만 힘들지 않다고 스스로를 속여왔다. 그런 나에게 지금은 좀 미안하다. 일선 부장검사로 나가서 후배 검사들을 지도하게 되면, 그들에게 머리 아프게 한 부장이 아닌 마음의 상처를 다독여준 사람으로 기억되고 싶다. 그리고 꼭 다시 같이 일하고 싶은 상사가 되어 후배들에게 상사병相思病을 앓게 하고 싶다.

지금부터 내가 만나는 사람들은 나와 은혜를 주고받을 사람이라고 생각하겠다. 그 사람들이 "나 지금요, 안 괜찮아요."라고 말하면 상황을 떠나 일단 어깨를 내어주려고 한다. 그리고 그 사람의 마음을 쓰다듬어줄 것이다. 그러면 그 사람은 버텨낼 힘을 얻고 더 멀리 도약할 수 있을 것이다. 사람 일은 알 수 없다. 내가 언젠가 그의 어깨를 빌릴 날이 올 수도 있지 않은가. 이젠 일이 아닌 사람의 마음에 집중해야겠다.

날 속인 것은 항상 나 자신

언젠가 신문에 참 황당한 기사가 실렸다. 전과 17범인 도둑이 교도소를 나온 지 얼마 안 돼 다시 빈집털이 계획을 세웠다. 두 달 안에 1억 원을 모은다는 계획이었다. 하지만 그 절도범은 얼마 안 돼 경찰에 체포되었고 수중에는 목표에 한참 미달하는 1천만 원뿐이었다. 그는 그 돈으로 화물차를 구입한 후 장사하여 초등생 자녀들에게 부끄럽지 않은 아빠로 살고 싶었단다.

법을 집행하는 검사로서 우선 그 절도범을 잡은 것은 다행이었다. 그의 목표 달성을 위해 애꿎은 피해자들이 많이 생길 뻔했다. 하지만 자녀를 기르는 아빠로서 보면 참으로 안타깝다. 과연 그렇게 1억 원을 모아서 자녀들을 부양하면 부끄럽지 않은 아빠로 살게 되는 것일까? 누가 들어도 그건 정답이 아닌데……. 아마도 그 역시 스스로를 정당화하지 못했을 것이다. 자기 자신을 속인 것이다.

뭐, 나도 이렇게 남을 평가할 입장이 아닌 것 같다. 나 역시 그동안 스스로를 퍽도 많이 속여왔다. 나를 속여온 횟수와 기간, 인생에 끼친 영향 등을 고려한다면 아마 '인생 상습 사기'로 구속되고도 남을 것이다.

어디 보자, 나를 피의자 자리에 앉히고 신문을 시작한다.

"피의자는 그동안 자신을 속여왔지요?"

"예, 그렇습니다."

"어떠한 것들을 속였는지 말해보세요."

"솔직히 하도 많아서 뭐부터 말씀드려야 될지 모르겠습니다. 하지만 범죄일람표에 적혀 있는 대로 속여온 것은 사실입니다."

"피해자, 그러니까 자신이겠지요. 자신이 제출한 고소장에 붙어 있는 범죄일람표를 보면 1백 번이 넘는데 이 정도로 많이 속여온 것인가요?"

"……."

가장 큰 거짓말은 아마도 '삶의 주체가 못 되면서 마치 주도하면서 산 것처럼 나를 속인 것'일 것이다. 지금까지 내 삶이 흘러온 궤적을 보면 타인에 의해 쏘아올려진 것들이 많다. 내가 통제하지 못하면서 내가 통제한다고 생각해왔다.

출근하면서 느끼는 감정들을 보면 안다. 흥에 겨워 출근한 것은 며칠 되지 않는 것 같다. 항상 두려움을 품은 채 출근하지 않았던가. 어제 했어야 하는 일을 다 하지 못해 자책하면서 출근하는 일이 많았다. 그리고 오늘 어떤 일이 나에게 주어질지 고민했다. '감당 못할 일이 주어지면 어떡하지?' 그런데도 가족에게 웃어 보이며 집을 나섰고, 거울을 보며 '내가 원하는 일을 잘하고 있다.' 하며 웃었다.

스스로를 막 굴리면서 심한 거짓말도 했다. '1년 후 또는 2년 후에는 내가 원하는 삶을 살고 있겠지.'라고. 내 삶은 현재가 아닌 미래에 담보로 잡혀 있었다. 오늘의 삶은 항상 후순위였다. 그러나 1~2년 후에 내 삶에 변화가 있었던가? 1백 미터를 전속력으로 달려 테이프를 끊었지만 기다리고 있는 것은 또 다른 1백 미터 출발선이었다.

전속력으로 달리느라 옆에서 지켜보는 이들을 쳐다보지 못했다. 고개만 돌리면 되는 것을. 인생은 1백 미터 달리기가 아니라 마라톤인 것을 일찍이 알고 있었다. 인생은 끝까지 뛰는 것이 중요하지 어떤 속력으로 가는가는 중요하지 않다는 걸 알면서도 침묵함으로써 속인 것은 '부작위에 의한 사기'에 해당한다.

내가 생각하는 모든 것, 내가 행동하는 모든 것을 마치 나를 위한 것으로 포장해온 죄 역시 가볍지 않다. 다른 사람의 평가에 연연하면서 나만의 가치를 세우는 데 소홀했다. 타인의 기대를 만족시키는 삶은 내 삶이 아닌 타인의 삶이다. 나의 인생을 타인의 삶으로 채워온 나를 온전한 나라고 할 수 있을까.

검사가 되는 것이 나의 꿈인 양, 검사로서 더 높고 멋진 자리로 가는 것이 내 삶의 목표인 양 나를 속여왔다. 나에게 검사란 그저 직업이다. 죽을 때 내가 검사였다는 이유만으로 행복했다고 할 것 같진 않다. 나답게, 여유 있게, 주변 사람들과 함께 소소하게 일상을 누리는 것이 삶의 목표가 되면 안 되는 거였나?

자신을 속여온 것은 그렇다고 치자. 가족을 속여온 죄는 어떻게 할 것인가? 가족은 나의 분신이다. 이들을 속인다는 것은 나를 속이는 것이나 다름없다. 이번 주에 아빠와 놀고 싶다는 아이들에게 '다음 주에 영화 보러 가자.', '다음 주에 놀이공원 가자.'라고 속인 적이 한두 번인가. 아내에겐 어떤가? 하루 종일 아이들과 씨름하느라 힘들어 말상대가 필요한 사람인 줄 알면서도 건성으로 듣고 앉아 있지 않았던가.

여기까지 나를 신문하는데, 이거 보통 큰일이 아니다. 최후의 심판이 있다면 나는 아마도 불구덩이에 던져질 것 같다. 문답을 하다 보니, 이미 정답을 알면서도 그것을 모르는 것처럼 속여온 죄가 가장 큰 것 같다.

10년 넘게 검사로서 수많은 범죄를 수사해온 결과 모든 범죄에 존재하는 하나의 공통점을 발견할 수 있었다. 모든 범죄에는 원인이라는 게 있다는 것이다. 그렇다면 내가 이렇게 나를 무수히 속여온 원인, 즉 범행 동기는 무엇이란 말인가? 무엇이 그토록 나를 일상에 붙잡아두지 못하고 두 발을 땅에 딛고 있지 못하게 했던가?

그건 결국 그동안 내가 나 자신을 바로 보지 못했기 때문이다. 스스로가 어떤 사람인지 잘 모르고 있었다. 그동안 거울을 보면서 나와 대화를 많이 했으나 알맹이 없이 껍데기뿐인 대화였다. 거울에 비친 모습만 보고 내면은 보지 못했다. 내가 어떤 생각을 하는 사람인지, 내가 뭘 가장 하고 싶은지, 내가 가장 신날 때가 언제인지 진지하게 바라보지 못했다. 아니, 보고 싶은 모습만 보았는지도 모른다.

나를 바로 보게 되면 내 모습 옆에 이미 와 있는 소중한 것들을 발견하게 된다. 우리가 찾아 헤맨 행복이라는 놈이 옆에 와 있는데도 인식을 못하고 있는 것이다. 내가 1억을 벌면 행복이 오는 것이 아니고, 1년이나 2년 후 시간이 넉넉할 때 행복해지는 것도 아니다.

최근 TV에서 시청자들로부터 인기를 얻고 있는 「삼시세끼」 프로의 한 장면이 떠오른다. 출연자들이 고구마밭에서 신나게 일하고 있다. 호미로 고구마 줄기를 들어 올리고 땅속의 고구마를 캐면서 노래를 부른다. 잠시 후 카메라 앵글이 움직인다. 출연자들이 오후 내내 캐야 할 고구마밭 이랑의 저 끝을 보여준다. 너무 길어 보인다. 그러자 그때까지 신나하던 출연자들이 풀이 죽은 채 조용해지며 절망 섞인 한숨들을 토해낸다. 그들은 밭이랑의 고구마를 모두 캐낸 후에는 행복해졌을까?

날 속이지 않기 위해, 한마디로 개과천선하기 위해서 할 일이 정해졌다. 나를 바로 보고, 현재를 살고, 일상에서 행복을 찾는 것이다. 이제는 나의 기대를 만족시키는 나의 삶을 살면 된다. 인생은 쉼 없이 앞으로 내딛는 것이지만 가끔은 주위를 보기 위해 한 걸음 뒤로 물러서는 것도 의미가 있다.

다만 조건이 있다. 이제까지 수십 년 동안 사람 구실을 못했으니 그것을 빨리 만회하겠다고 서두르면 안 된다. 이 역시 수사하면서 발견한 것인데, 사기꾼과 도박꾼의 공통점이 있다. 한 방에 만회하려다 더 크게 망한다는 점이다.

오늘 아침 출근하면서 나에게 오랜만에 거짓이 아닌 진실을 말해본다.

"넌 왜 출근하니?"

"나? 난 오늘, 퇴근하기 위해 출근해."

2

죄가
밉다

따뜻한 말 한마디

한겨울, 30대의 강도 피의자가 구속되어 왔다. 야심한 밤에 빈집인 줄 알고 몰래 들어갔다가 집주인이 붙잡는 바람에 주먹으로 때리고 도망쳤다. 절도 목적으로 들어갔더라도 체포되는 것을 피하기 위해 사람을 때리면 강도로 처벌된다. 한 달 정도 후에 피의자는 생활하던 고시원에서 체포됐다.

경찰은 문에 묻은 지문으로 용의자를 특정했다. 피의자는 강도라는 무시무시한 죄를 저질렀다고 보기 어려울 정도로 체격이 왜소했다. 160센티미터 전후의 키에 몸무게는 50킬로그램 가량 되어 보였다. 얼굴도 까무잡잡하고 삐쩍 말랐다.

경찰에서 송치되어 온 날 수사관이 묻는데 혐의를 부인한다.

"지문이 나왔어요. 분명한 증거라고요. 부인해봐야 소용없어요. 사실대로 얘기하는 게 좋습니다."

"수사관님, 그 지문 제 것이 아니에요. 지문이 같은 사람도 많을 거 아닙니까. 저는 그날 친구 만나고 있었다고요."

"친구 누구예요? 내 확인해볼 테니까."

"경찰서에서도 얘기했는데요, 지금은 연락이 안 되는 친구예요."

"그런 게 어딨어요? 그냥 사실대로 얘기하세요."

두 사람의 대화가 평행선을 달리고 있어 내가 중간에 끼어들어 말렸다.

"수사관님, 오늘은 그 정도로 하시고 구치소로 보내시지요."

사실 피해자의 집 문고리에서 채취한 지문은 온전한 지문이 아니고 일명 '쪽지문'이라는 일부 지문이었다. 피의자의 것이 아닐 가능성도 있었다. 피해자도 피의자의 인상착의를 제대로 진술하지 못하고 있어 자칫 입증에 실패할 수도 있는 상황이었다.

피의자가 범행 당일 누구를 만나고 있었는지 확인하기 위해 법원에 휴대폰 통화 내역 조회를 신청했다. 그러나 통화 내역이 나오지 않는다고 하더라도 그것만으로 바로 피의자가 범인이라고 단정하기는 어려웠다.

그다음 날인 금요일에도 피의자를 소환했는데 역시 어제와 다를 것 없는 막무가내식 변명으로 일관했다. 피의자의 악다문 입에서 그 결의를 읽을 수 있었다. 20년 수사 경력의 수사관도 아예 두손

두발을 다 들어버린다. 하지만 피의자의 말투, 몸짓, 표정 등이 범인임을 추측케 하고 있었다. 피의자가 다 털어놓으면 좋으련만 마음처럼 되는 사건이 하나도 없는 것 같았다. 다음 주 월요일에 다시 조사하기로 하고 피의자를 또 구치소로 보냈다.

월요일 오전에 피의자가 다시 검사실로 들어왔다. 입을 꽉 다물고 들어왔지만 '오늘도 지난번과 같을 거다.'라고 말하는 듯했다. 한겨울인데 홑겹의 수의를 입고 하얀 고무신을 신은 모습에 측은함이 느껴졌다. 전과도 없는 사람이 남의 집에 들어갔을 때 얼마나 떨었을까 하는 생각도 들었다. 고개를 숙인 채 몸에서 포승줄이 풀리기를 기다리는 그의 눈에 초점이 없어 보였다.

그때 내가 무심하게 그에게 한마디 건넸다.

"김○○ 씨, 추운데 잘 주무셨나요? 밥은 어떻게, 좀 드셨나요?"

"……."

침묵의 몇 초가 지나가는데 고개를 숙인 그의 뺨에 눈물이 흐르는 걸 볼 수 있었다. 이를 옆에서 지켜보던 수사관과 교도관이 서로 얼굴을 마주 본다. 나도 처음 겪는 일이라 좀 당황스럽다. 피의자가 우는 것은 그의 인생이 우는 거라고 했던가. 그에게 잠시 감정을 추스를 시간을 줬다. 몇 분이 지났을까. 그가 티슈로 눈물을 닦으면서 모든 걸 사실대로 진술하겠다고 한다.

피의자는 자신의 범행을 담담하게 인정했다. 시골에서 올라와 직장을 잡지 못하게 되니 생활비가 부족했다. 시골의 노부모에게 손을 벌릴 수도 없었다. 범행 후 잡히고 난 뒤에는 더더욱 부모님께 연락도 못하고 살길이 막막했다. 그래서 일단 부인하고 보자고 마음먹었는데 구치소에서 며칠을 보내면서 약간 마음이 흔들렸다. '부인하다가 나중에 죄 지은 게 밝혀지면 어떻게 되는 거지……?' 하지만 그런 생각도 잠시, 유죄판결 받고 몇 년을 이렇게 갇혀 지낼 생각을 하니 인생이 암울해지는 느낌이었다. '내 인생 이대로 끝나는 걸까?'라는 생각도 들었다. 어차피 이렇게 된 거 계속 부인하리라 마음먹었다.

그런 마음으로 검사실에 도착했는데, 검사로부터 따뜻한 말 한마디를 들으니 자신도 모르게 눈물이 나왔단다. 눈물이 흐르니 긴장이 풀리고 마음이 비워지더라는 것이다. 그렇게 말하는 피의자의 얼굴에 혈색이 돌았다. 불안한 기색도 없어 보였다. 대신에 자신의 부탁을 하나 들어달라고 한다. 시골의 부모님께 전화해서 자기가 어디 있는지 알리고 놀라시지 않게 잘 말씀드려달란다.

수사관이 시골의 아버지에게 전화해 피의자가 우발적으로 남의 물건에 손을 댔다가 구속됐는데 피해가 큰 것은 아니어서 수감 생활을 오래 할 것 같지는 않다고 전하는 것으로 마무리했다. 그 사건은 그렇게 법정으로 갔는데, 나중에 보니 피의자는 재판이 시작된 후 한 달 정도 지나서 집행유예 선고로 석방됐다. 처음부터 강도 목적이 아니었고 피해가 큰 것도 아니며 반성하는 모습을 보여 감경되었을 것이다. 부모님이 피해자와 합의한 것도 큰 몫을 했을 것이다.

얼마 후 검사실로 한 통의 편지가 왔다. 그 피의자가 보낸 것이다. 석방된 후 바로 고향으로 내려가 부모님과 함께 농사일을 하고 있다고 한다. 수사관이 시골에 연락해주어서 부모님이 바로 구치소로 오셨고, 서로 마주 보고 눈물을 흘렸다. 부모님은 피의자에게 너무 자책하지 말고 수감 생활 잘 마치고 함께 농사를 짓자고 했다. 그는 편지로 부모님과 잘 지낼 수 있게 기회를 준 것에 감사했다. 그리고 무엇보다 순간의 위로로 더 망가질 뻔한 자신의 인생을 원래대로 돌릴 수 있게 해준 것에 고마워했다.

구속되어 실의에 빠졌던 피의자에게 무심하게 던진 위로의 한마디가 그 사람의 인생에 선한 영향을 줬다니 뿌듯하다. 별로 한 것도 없는데 뭔가 얻어걸린 느낌이다. 그런데 내 마음 저 깊은 곳 어딘가에서 이런 목소리가 들린다. '넌 나한테 궁금한 거 없니? 나도 좀 힘든데, 나한테 뭐라도 좀 물어봐줄래?'

어이구, 이런! 남들한테 관심을 쏟을 줄만 알았지 나 자신에게는 관심을 기울이지 못하고 살아왔다. 이 사건을 접하며 따뜻한 말 한마디가 얼마나 중요한지 알았는데, 정작 나에게는 그런 말을 건네본 적이 없는 것이다. 속에서 불만의 목소리가 나올 수밖에 없는 상황이었다. 계속 이 녀석과 살아가려면 지금이라도 뭔가 좀 물어봐줘야겠다.

이봐, 잘 있어? 견딜 만해?

하루하루 사는 게 쉽지만은 않지? 성격상 넌 매일 긴장하며 힘들게 살고 있을 거야. 사실 네 인생을 무엇으로 채워야 할지도 잘 모르겠지?

하지만 이 한 가지만 기억하고 살아. 넌 잘하고 있고, 꼭 필요한 일을 하고 있어. 남들을 위로하고 살아갈 용기를 주는 일은 아무나 하는 게 아냐.

명심하자. 너를 아끼고 기억해주는 사람들이 많아.

고생 많다. 항상 건강 챙기고.

제가 그 힘든 걸 해냈지 말입니다

정말 아무것도 모르는 초임 검사 시절, 야근하면서 고소 사건을 보고 있었다. 납골당 사업에 투자하면 분양권 수십 개를 주고 이익금도 남겨주겠다면서 투자금으로 1억 원 가량을 받았는데, 결국은 사업이 제대로 진행이 안 되면서 투자자들이 피해를 입었다는 내용이다.

난 '사업을 하다 보면 잘될 때도 있고 안 될 때도 있지 뭐. 민사 사안으로 무혐의겠네.'라고 생각하면서 기록을 봤다. 초동수사를 담당한 경찰의 의견도 예상치 못하게 납골당 사업에 차질이 빚어지면서 고소인에게 금전적 피해를 입힌 민사 사안으로써 사기죄가 성립되지 않는다는 내용이었다. 그냥 간단하게 경찰 의견과 같이 혐의 없다는 결정을 하면 될 것 같았다.

그렇게 기록을 덮고 있는데, 잠깐! 기록 맨 마지막 장에 붙어 있는 피의자에 대한 '수사경력조회서' 내용이 눈에 띄었다. '응? 뭐지?' 다시 수사경력조회서를 펴보았다. 피의자가 사기로 수사를 세 번 받았는데 세 번 모두 무혐의 처분을 받았다. '사업을 할 때마다 잘 안 됐나?' 하고 좋게 생각하고 넘어가려다가 '그래도 혹시 모르니 어떤 내용인지나 알고 지나가자.'라는 생각에 다음 날 아침 실무관에게 관련 사건 기록들을 대출해달라고 했다.

무혐의 처분한 지 1년도 더 된 사건들이고, 고소인들이 무혐의 처분을 받고도 그 처분에 '항고'라는 이의 제기도 하지 않았다. '그렇다면 역시 무혐의인가?'라고 생각하며 기록을 보는데 조금 이상하다. 세 건 모두 피의자가 리조트 회원권이 돈이 된다면서 고소인들의 부동산과 교환하는 계약을 체결했다가 리조트 회원권이 휴지조각이 되어 피해를 입힌 사건이다.

이 사건들을 다시 되살려 수사를 해야 할지 조금 망설여져 옆방의 선배에게 자문을 구했다. 선배는 사건을 보더니, 딱 봐도 민사사건 같은데 이런 걸로 힘 빼지 말고 될 만한 사건에 집중하는 것이 어떻겠냐는 의견을 주었다. 4×0=0이 아니겠냐는 말이다.

내 방으로 다시 와서 생각해봤다. 남들은 평생 한 번 고소당할까 말까 하는데 이 사람은 네 번이나 고소를 당했다. 그런데 모두 무혐의라니. 오기가 발동했다. 때로 4×0은 0이 아니라 4가 될 수도 있다는 생각이 들었다. 우연이 반복되면 필연이라고 하지 않던가. 게다가 피해를 입은 사람들 중에는 사회 경험이 적은 주부와 장애인이 포함되어 있었다. 그 사람들 말이라도 들어보고 싶었다.

세 건의 기존 무혐의 사건과 합쳐 결국 네 건짜리 사건이 됐다. 수사관을 통해 고소인들을 불렀다. 한 가정주부는 아이들이 커가면서 더 많은 교육비가 필요할 텐데 리조트 회원권을 구입하면 큰 돈이 된다는 말을 듣고 자신의 집과 교환하는 계약을 체결했다. 남편 몰래 계약했다고 한다. 그런데 얼마 뒤 그 회원권이 정당하게 발행된 게 아니라는 사실이 밝혀지면서 휴지조각으로 변해버렸다. 그 주부는 검사실에 들어오자마자 수사관 앞에 앉아 하염없이 눈물만 흘렸다. 작년에 검찰의 무혐의 처분을 받은 후에 남편이 그 사실을 알게 됐는데 사이가 틀어져 거의 이혼 직전이라는 것이다.

장애인 피해자를 만났는데, 목발을 짚고 한쪽 발을 절면서 검사실로 들어왔다. 마흔이 넘은 노총각이었는데 부모님과 농사를 지으면서 산다고 했다. 피의자가 리조트 회원권과 논 2필지를 교환하면 돈을 벌 수 있다고 하여 교환했다가 피해를 입었다.

둘 다 마음고생이 심했는지 얼굴에 그림자가 짙게 드리워져 있었다. 하루하루 겨우 버티고 있는 모습이다.

피의자를 불렀다. 예상과 달리 당당한 모습이다. 큰 소리로 인사하면서 검사실로 들어오더니 수사관에게 손을 내밀어 악수를 청한다. 나한테도 악수하러 올까 봐 급히 시선을 피하고 바쁜 척했다. 조사를 받으면서도 시종일관 자신 있는 모습이다. 지난번에 이미 무혐의 처분을 받았는데 왜 자꾸 오라고 하느냐는 태도다. 누군가는 이 사건으로 인해 사는 게 사는 것 같지 않을 텐데 피의자는 너무도 당당한 모습이었다. 이런 뻔뻔한 사람한테 고소인들이 당했다고 생각하니 속으로 분통이 터졌다.

하지만 그럴수록 검사가 속내를 드러내면 안 된다. 피의자로 하여금 '여전히 검사에게는 나를 옭아맬 결정적인 단서가 없구나.'라는 생각을 갖도록 해야 한다. 의례적인 조사인 것처럼 피의자를 달래서 돌려보냈다. 10년 넘은 경력의 수사관은 피의자가 전문적인 사기꾼인 것 같다고 했다. 난 그저 웃으며 '그렇죠?'라고 답했다. 수사관은 자기가 조사를 좀 더 해보겠다고 열의를 보인다.

그러나 처음 생각과는 달리 피의자가 고소인들을 속였다는 점을 입증하기가 쉽지 않았다. 피의자는 리조트 회사 임원으로부터 발행 권한을 부여받았기 때문에 자신은 속인 것이 없다는 입장이다. 그렇다면 리조트 회사 임원들을 찾아야 하는데 역시 쉽지 않았다. 회사가 파산으로 공중분해되면서 당시 대표나 임원을 찾기 힘들었다.

'역시 무리였나? 그렇게 쉬웠으면 벌써 기소되고도 남았겠지.'

그런데 며칠 후 수사관이 갑자기 "찾았다!"라고 소리쳤다.

"수사관님, 뭘 찾으셨어요?"

"검사님, 리조트 회사 이사를 찾았습니다. 지금 교도소에 있는데요. 하하!"

역시 베테랑 수사관은 달랐다. 경험에서 오는 감은 무시할 수 없다. 오랜만에 신명이 나는가 보다. 그 즉시 수사관은 구치소에 있는 이사를 소환하는 절차를 밟았다.

이사는 리조트 공사와 회원권 발행 업무에 관여했기 때문에 사건을 잘 알고 있었다. 리조트 회사는 계약에 의해 피의자에게 회원권 발행 권한을 일부 부여하였으나 피의자가 약속한 의무를 이행하지 않아 발행 권한을 회수했다. 그런데도 피의자가 회원권 발행을 계속하는 바람에 피해자들이 발생한 것이었다. 이제 혐의는 분명해졌다.

다음 날 피의자에게 출석해달라는 전화를 하였으나 전화를 받지 않는다. 이윽고 전화기를 꺼버린다. 뭔가 눈치를 챈 모양이다. 바로 법원에 체포 영장을 청구해 발부받았다. 수사관이 체포 영장을 가지고 집에 갔으나 문이 잠겨 있다. 밖에 피의자의 차량이 세워져 있는 것으로 보아 집 안에 있는 것 같은데 문을 열어주지 않았다.

수사관이 다급하게 연락을 해 왔다.

"검사님, 피의자가 안에 있는 것 같은데 문을 안 열고 있습니다. 어떻게 할까요? 소방대원을 부르거나 자물쇠 업자를 불러 문을 뜯고 들어갈까요?"

우리 수사관의 열의가 불타오른다.

"……수사관님, 혹시 그 사람이 도망친다고 베란다에서 뛰어내리다가 사고라도 나면 어떻게 하려고요. 기다려보고 피의자 가족이 오면 잘 설득해달라고 하면 어떨까요?"

잠시 후 수사관은 의기양양하게 수갑 찬 피의자를 데리고 들어온다. 그 당당하던 피의자는 모든 것을 체념한 채 고개를 숙이고 있다. 구속영장 발부까지 일사천리로 진행됐다.

구속영장이 발부된 지 5일째 되는 날, 갑자기 피해자로 되어 있는 사람들이 시간 간격을 두고 검사실을 방문한다. 모두들 손에 '합의서'를 들고 왔다. 피의자가 구속되자마자 가족들을 시켜 피해자들에게 찾아가 피해를 변제해줬다고 한다. 피의자는 돈이 있으면서도 그동안 피해 변제를 하지 않고 있었던 것이다. 가정주부 피해자는 눈물을 흘리면서 연신 감사 인사를 했다.

"검사님, 수사관님 아니었으면 저는 남편과 이혼했을 거예요. 집도 빼앗기고 아이들도 제대로 공부시키지 못했을 거고요. 정말 어떻게 감사의 마음을 표현해야 할지 모르겠어요."

솔직히 이 사건의 피해자들에게 내가 더 미안하고 고맙다. 처음 고소하고 무혐의 처분 통지서를 받았을 때 얼마나 참담했을까. 의지할 곳 없는 상황에서 무혐의 처분에 이의를 제기할 힘조차 없었을 것이다. 가족에게 버림받을 두려움을 감당하기 힘들었을 텐데 잘 버텨주어 고맙다.

피의자를 기소한 날 수사관과 삼겹살집에서 소주 한잔을 했다. 두 사람 모두에게 한잔 하지 않고는 못 보낼 날이었다. 수사관은 경력 많은 베테랑으로서 이런 경험이 많을 것 같은데 소년처럼 맑은 웃음을 지으며 좋아했다. 자기가 그동안 숱하게 많은 사건들을 다루어봤지만 이번처럼 시원하게 처리된 것은 없었단다. 피해 변제까지 깔끔하게 이루어져 더욱 후련했을 거다. 나 역시 해결해내지 못할까 봐 얼마나 마음을 졸였던가. 수사관이 자신의 잔을 나에게 내밀며 말했다.

"검사님, 우리가 그 힘든 걸 해냈지 말입니다!"

삶은 사는 게 아니라 버텨내는 것

의도치 않게 일상이 무너져버린 사람들이 있다. 오롯이 그 책임을 짊어지고 삶을 버텨내야 하는 가장들, 사랑하는 딸을 잃은 아빠들의 이야기다.

십여 년 전 모 검찰청에서 강력 전담 검사를 하던 시절이다. 관할 경찰서 강력반장이 검사실로 다급하게 전화를 걸어왔다. 엄마가 일곱 살 딸을 살해한 사건이 발생했는데 현장에 와서 직접 지휘해달라고 한다. 즉시 수사관과 함께 현장으로 달려갔다. 고급 빌라 단지를 지나 오래된 단독주택들이 즐비한 곳에 도착했다. 강력반장과 여러 번 통화하면서 겨우 찾아간 집 앞에는 벌써 여러 대의 경찰차와 사복 입은 형사들이 있었다.

딸을 살해했다는 엄마는 이미 연행되어 현장에 없었다. 범행이 발생한 반지하 셋방 거실 한가운데에 방금 흘린 것으로 보이는 피가 흥건히 고여 있다. 경찰관들은 둔기로 딸의 머리를 때린 것 같은데 그 둔기가 안 보인다면서 여기저기 뒤지고 있었다. 잠시 후 한 경찰관이 피범벅 머리카락이 붙은 둔기를 발견하고 국립과학수사연구소에 보낼 봉지에 넣는다. 범인도 붙잡혔고 범행 도구도 발견되어 안심한 채 시체가 안치되어 있는 근처 병원으로 향했다.

병원에 도착하니 담당 형사가 시체가 있는 곳을 가리킨다. 복도 옆에 흰 천으로 덮인 침대가 보인다. 형사와 병원 관계자가 흰 천을 걷으니 유치원 옷을 입은 채 초점 없는 눈이 반쯤 감긴 여자아이가 누워 있다. 그동안 숱하게 많이 보아왔지만 냉동고가 아닌 곳에 이토록 애처로이 누워 있는 시체는 본 적이 없다. 숨이 멎는 듯했다. 내가 좀 머뭇거리고 있는데 담당 형사가 말없이 비닐장갑을 건네준다. '그래…… 일이니까…….' 마음속으로 중얼거리면서 비닐장갑을 낀 채 아이의 뒷머리를 만지는데 따뜻한 온기가 느껴진다. 어릴 적 옆집 아저씨가 쏜 공기총을 맞고 내 발 앞에 떨어진 작은 새를 만졌을 때의 그 온기.

외상을 확인하고 한숨을 쉬며 장갑을 벗다가 복도 저 끝에 시선이 머문다. 그곳에 내 나이 또래의 남자가 팔꿈치를 무릎에 댄 채 앉아 있다. 누군지 말하지 않아도 알 것 같았다. 잠시 후 형사가 아이의 아버지라면서 그 남자를 데려왔다. 어린 딸이 죽었는데 슬프기보다는 얼이 빠진 모습이다. 그러면서 차분히 그동안 있었던 얘기를 해준다.

아이 엄마와 결혼할 때는 잘 나가는 회사의 직장인이었다. 아이를 낳고 3년쯤 지나서 퇴사하고 사업을 시작했는데, 크게 사기를 당해서 빚을 잔뜩 안은 채 회사 문을 닫았다. 좋은 아파트에서 이곳 반지하로 오게 되면서 아이 엄마의 정신 상태가 이상해졌다. 하지만 아이 아빠는 가족의 생계를 책임져야 했기에 낮에는 슈퍼마켓 근무, 밤에는 대리운전을 하느라 집에서 아이와 아내를 돌보기 힘들었다. 최근에 아내 상태가 많이 이상해지기는 했는데 이런 사고까지 날 줄은 몰랐단다. 얘기가 여기까지 이르자 그렇게 차분하던 아이 아빠가 고개를 떨군 채 흐느낀다.

"내가 좀 더 신경 썼어야 했는데……. 애나 애 엄마나 너무 불쌍해요. 그리고 미안해요."

울고 있는 그의 등을 말없이 토닥여줬다. 그리고 "이 상황에 도움이 되는 말인지 모르겠지만, 힘내세요."라고 말하면서 자리에서 일어났다.

옆에서 담당 형사가 아이 아빠에게 앞으로의 절차에 대해서 설명해준다. 가만히 들어보니 아이 아빠는 이제는 아내가 걱정이다. 아무 정신이 없었을 것이라면서 아내가 선처되기를 바란단다.

경찰에서 송치되어 온 아이 엄마를 보는데 정말 아무 정신이 없어 보인다. 조사를 담당한 수사관과도 전혀 대화가 안 된다. 자기 딸이 이 세상 사람이 아닌 것도 모르고 있다. 그래서 제정신으로 범행을 한 것인지 여부에 대해 정신감정을 의뢰했다. 예상대로 정신분열증으로 인해 범행 당시 자신의 행위를 판별할 수 없었을 것이라는 소견이 나왔다. 그래서 나는 기소하는 대신 치료감호소에서 치료받을 수 있도록 조치했다. 수사관을 통해 아이 아빠에게 전화했는데 수화기 너머에서 기뻐하는 모습이 선하다.

아이 엄마는 치료감호소에서 일정 기간 동안 치료를 받고 나와 다시 아이 아빠에게 돌아갔을 것이다. 아이 아빠의 정성스런 마음이 치료제와 면역제가 되어 아이 엄마를 일상으로 되돌려놓았을 것이 분명하다. 그리고 딸을 먼저 보낸 것은 두 사람의 인생에 우연히 찾아온 '사고'이고 누구의 책임도 아님을 깨닫게 될 것이다. 그러면서 삶을 버텨낼 것이다.

이번에는 딸 쌍둥이 중 한 아기를 먼저 떠나보낸 이야기다.

5년 전 어느 검찰청에서 근무하던 때다. 경찰서에서 온 서류 중 눈에 띄는 것이 있었다. 생후 6개월 된 여자 아기가 사망했는데 사인을 밝히기 위해 부검이 필요하다는 내용의 압수수색검증영장(일명 '부검영장') 신청서였다.

서류를 보니 내용이 대충 이랬다. 쌍둥이 아빠가 직장에서 돌아와 하루 종일 쌍둥이를 보느라 피곤한 엄마 대신 아기들을 봤다.

밤늦은 시각에 아빠는 잠든 엄마를 대신해 쌍둥이에게 분유를 타서 먹이고 한 아이씩 씻겼다. 첫 아이를 씻기고 나와보니 둘째 아이가 갑자기 숨을 안 쉰다. 아빠는 깜짝 놀라 119에 전화를 걸고 응급조치를 했으나 결국 아이는 다른 세상 사람이 되고 말았다. 아마도 아기들에게 가끔 나타나는 돌연사증후군이었던 것 같다.

죽은 아기의 사진이 서류 안에 있는데 그냥 잠들어 있는 것처럼 보인다. 아직 머리카락이 많지 않지만 포동포동하고 귀여운 얼굴이다. 금방이라도 잠에서 깨어 젖 달라고 울 것만 같다. 엄마 아빠가 애지중지 귀여워했음이 분명하다.

병사나 자연사가 아닌 경우, 타살의 의심이 드는 사건은 이렇게 부검영장을 청구하는 것이 수사기관의 입장에서 보면 자연스러운 것일 수 있다. 그것이 관례이기도 하다. 쉽게 영장에 도장을 찍어 법원에 보낼 수도 있었지만, 서류 안에 있던 아버지의 진술이 마음에 걸린다. "제가 아이를 계속 체크하지 못한 잘못은 있어요. 근데 부검이라니요. 그건 아이를 두 번 죽이는 것 아닌가요. 왜 해야 하는지 이해가 되지 않습니다. 부검을 하면 우리 가족이 이 슬픔을 견뎌내지 못할 것 같습니다."

부검영장을 기각했다가 나중에 유가족 중 누군가가 사망의 원인을 밝히지 않고 사건을 종결했다면서 책임을 묻는 경우가 있어 상당히 망설여졌다. 그래서 아빠의 목소리를 듣고 결정하기로 했다. 직접 아기 아빠에게 전화해서 사건이 일어난 경위를 상세히 물어

보고 끊으려고 하는데, 아기 아빠가 마지막으로 한마디만 들어달라고 한다.

"검사님, 우리 아기 예쁜 모습으로 보내게 해주시면 고맙겠습니다. 부탁드립니다."

수화기를 내려놓는데 가슴이 먹먹하다. 잠시 생각한 후에 타살로 볼 만한 증거를 발견하기 어렵다는 이유를 적어서 부검영장을 기각했다. 아기는 곧바로 엄마 아빠의 품으로 돌아갔다.

결재해주신 부장님께서 묻는다.

"안 검사, 유족 중 누군가 나중에 왜 부검 안 했느냐고 문제 제기하면 어떻게 감당하려고 그래?"

"부장님, 그런 건 감당하겠는데요, 불필요한 부검으로 아기 아빠가 가슴 아파하는 건 감당 못하겠습니다."

서류를 보내고 나서 '내가 너무 감상적으로 처리했나?'라는 생각이 잠시 들었다. 그러나 그 예쁜 아기를 예쁜 상태로 보내주길 잘했다고 스스로 위안했다. 이 결정이 미약하나마 아기 부모에게 앞으로의 삶을 버텨낼 힘을 주지 않았을까, 하고 말이다.

가끔씩 그 잠자는 듯한 아기의 얼굴이 떠오른다. 아니, 잊혀지지가 않는다. 1백 건이 넘는 시체를 검시, 부검하였지만 업무라 그런지 얼굴이 떠오르는 경우는 거의 없는데 말이다. 아마도 평생 슬픔을 안고 살아갈 엄마 아빠를 위하는 아기의 마음이 나에게 전해진

탓인가 보다.

힘들게 버텨낸 오늘, 이 밤에 그 아기에게 편지를 써본다.

아가야, 잘 지내고 있니?

이 아저씨가 부탁이 있어서 이렇게 편지를 쓰고 있어.

너도 잘 알다시피 그 일은 아빠 탓이 아니란다. 그리고 네 탓도 아니란다. 그냥 어쩌다 보니 우연히 일어난 일이야. 누구도 막을 수 없는 일이었어.

하지만 너를 하늘나라로 보내고 난 후에 엄마와 아빠가 많이 힘들어하신단다.

너도 봐서 알겠지만, 아빠는 밤에 혼자서 우실 때가 많아.

아빠는 시간을 돌리고 싶어 하셔.

방긋방긋 웃던 너의 모습에 아빠는 흠뻑 빠져 지냈지.

네 아빠는 딸바보 중 제일가는 딸바보였어.

근데 말이야, 아빠는 너를 보낸 것이 자신의 잘못이라고 생각하고 있어.

그래서 말이야, 네가 이렇게 해주면 좋겠어.

아빠 꿈에 살짝 찾아와서 '아빠 잘못이 아니에요. 더 이상 울지 마세요.'라고 말해주렴.

그리고 '난 아주 행복한 곳에서 잘 지내고 있어요.'라고.

바람이 왔다 간 것처럼 아주 살짝 속삭여주렴.

아빠한테 네가 누군지 설명하지 않아도 돼.

아빠는 작은 목소리나 몸짓만 봐도 누군지 아니까.

시간을 달리는 아이들

•
•
•

중학생 소녀 네 명에 대한 사건이 배당됐다. 같은 반 학생을 폭행했다는 내용인데, 피해자의 이름이 순간 본분을 잊고 미소 짓게 한다. 외국 동화 속 여자 주인공 이름이다. 여기선 프라이버시 관계로 '신데렐라'로 대신하겠다. 소녀들은 신데렐라 한 명을 둘러싸고 손바닥으로 폭행했다.

학교 폭력은 다른 사건들에 비해 특히 신중히 다루어야 한다. 피해자나 가해자 모두 인격이 성숙하지 않은 상태이기에 처리 과정에서 또 다른 피해를 입을 수 있기 때문이다. 내 경우 아무리 바빠도 가해 학생들을 반드시 검사실로 부른다. 되도록 부모님도 함께 부른다. 자신들의 행위로 부모님도 이렇게 고생한다는 인식을 심어주기 위해서다. 보통 사건 진행 전에 가해 학생들을 불러 30분가량 얘기를 나눈다. 사건에 이른 경위를 듣기도 하고, 장래 어떤 사람이 될 것인지 묻고, 내가 살아온 얘기를 해주기도 한다.

학교 폭력 사건에서 가장 중요한 것은 피해 학생을 향한 가해 학생의 진정한 사과다. 학교에서 계속 얼굴을 보고 지내야 하는 경우가 많기에 더욱 그렇다. 그리고 가해 학생들이 이 사건으로 인해 스스로를 범죄자로 '낙인' 찍지 않도록 독려해야 한다.

신데렐라를 때린 가해 학생 넷이 검사실에 들어왔다. 다들 엄청 얼어 있다. 아마 검사실에 들어가면 검사에게 혼날 거라는 말을 들었을 거다. 아이들에게 편한 느낌을 주기 위해 검사실 옆 집무실로 데리고 들어갔다. 서 있는 애들에게 내가 먼저 물었다.

"너희들이 신데렐라 때렸냐?"

"……."

대답을 못하고 눈만 껌벅껌벅하고 있다. 동화 속 인물을 때렸냐고 묻는 상황인 데다가 아이들이 내 눈치를 보는 모습이 너무 웃겼다. 평소 웃음을 잘 참지 못하는 내가 그만 피식 웃고 말았다. 그러자 그 녀석들도 모두 머리를 옆으로 돌리더니 킥킥거리며 웃는다. 검사도 웃고 피의자들도 웃는 웃지 못할 상황이 벌어졌다. 폭력 사건의 가해자라고 하기엔 너무도 순수한 아이들의 웃음이 더없이 청명하게 느껴진다. 이런 녀석들이 좋지 않은 일로 검사실까지 왔다니 안타깝다.

그 소녀들을 보고 있자니 일본의 애니메이션 「시간을 달리는 소녀」의 장면들이 떠오른다. 주인공인 여학생 마코토가 '남자사람친구'인 고스케, 치아키와 우정을 나누는 이야기다. 말괄량이 마코토가 우연히 과거로의 타임리프 능력(시간을 뛰어넘는 능력)을 가지게 되면서 이야기가 흥미진진해진다. 나한테 그런 능력이 있다면 로또 당첨 번호를 적거나 시험문제의 정답을 알아내는 데 사용할 것 같은데, 아주 사소한 곳들에 사용하여 웃음을 자아낸다. 노래방에서 계속 과거로 돌려 쉼 없이 노래를 부르고, 용돈을 몇 번씩 타내고, 뷔페에서 맛있는 음식을 여러 번 먹는 데 능력을 사용한다. 하지만 그 능력의 사용 횟수가 제한되어 있다는 것과 다른 이의 삶에 영향을 준다는 사실을 깨달은 주인공은 갈등하게 된다.

만약에 신데렐라를 때린 소녀들에게 타임리프 능력을 준다면 그들은 무엇을 하고 싶을까? 신데렐라를 때리기 직전으로 가서 자신들의 감정을 억누르며 그 상황을 모면하지 않았을까. 그리고 신데렐라와 좋은 친구가 되었을 수도 있다.

내게 타임리프 능력이 생긴다면?

사실 그 영화를 보면서 나를 사로잡은 장면은 따로 있었다. 여주인공 마코토가 등교 시간에 늦었다며 자전거를 타고 학교에 겨우 도착해 자리에 앉는데 그 옆에서 절친 고스케와 치아키가 "아예 늦게 오는 게 좋지 않았겠냐."고 말을 건넨다. 세 친구의 학교생활이 얼마나 즐거울지 상상이 간다. 아무렇지 않게 이런저런 말을 건넬 수 있고 관심을 가져주는 친구 한두 명만 있다면 학교생활은 더없이 즐거울 수 있다. 나에게도 그런 친구들이 있었다.

중학교 3학년 때 옆 동네 사는 두 친구와 자전거를 타고 등하교했다. 그때는 뭐가 그렇게 즐거웠는지 사는 게 전혀 힘들지 않았다. 자전거 뒤에 도시락이 든 가방을 묶고 이런저런 얘기를 하며 시골 흙길을 달리던 기억이 생생하다. 야간자율학습 시간에 매점으로 달려가 함께 컵라면을 사 먹고, '추파춥스' 막대사탕을 입에 물고 책장을 넘겼다. 슬리퍼를 신은 채 잔디밭에서 물구나무 서는 연습도 했다.

어느 여름날 나는 농사일을 돕다 발을 베여 자전거를 탈 수 없게 됐다. 그때 친구들이 매일 아침 우리 집으로 와서 나를 뒷자리에 태우고 학교에 갔다가 저녁에 다시 집으로 데려다줬다. 친구 허리를 잡고 뒷자리에 앉아 시원한 바람을 느끼던 장면이 한 편의 동영상으로 내 머리에 저장되어 있다. 지금도 가끔씩 꺼내어 돌려보면 그렇게 상쾌할 수가 없다.

친구들과 나는 농수로에서 맨손으로 물고기 잡는 것을 좋아했다. 어른들이야 물고기 잡을 시간에 공부하라고 하셨지만 그 재미를 놓치긴 싫었다. 좁은 농수로 옆을 걷다가 물고기가 보이면 물고기를 따라간다. 물고기가 눈치채고 가장자리 풀숲에 숨으면, 발을 벌려 몸을 지탱한 채 손을 물에 넣고 가만히 다가가 순식간에 건져 올린다. 어떤 날은 잉어처럼 큰 붕어를 잡고 친구와 함박웃음을 지었다. 물론 붕어를 집에 가져가면 그 크기만큼 혼나긴 했다.

이렇게 친구들과 함께한 날들이 소중한 추억으로 남아 있다. 그런 추억 덕분에 어른이 되어서도 마음 한구석에 여전히 동심을 품고 있는지도 모른다. 그리고 이 행복한 기억은 알게 모르게 어려움을 극복해내는 힘이 된다.

그 어린 시절에는 내가 뭘 하고 있는지, 어디를 향하고 있는지 몰라도 그냥 즐겁고 행복했다. 특히 친구와 있을 때는 더욱 그랬다. 어른이 된 내 모습이 어떨지 전혀 궁금하지 않았고 고민하지도 않았다. 가진 에너지로 오늘의 시간과 지금 만나는 사람에 올인했다. 마음 맞는 친구 하나 만들기 힘든 요즘 그런 순수함이 그리워질 때가 많다.

피의자로 내 앞에 와 있는 소녀들도 이 순간을 즐거운 추억의 한 페이지로 기억했으면 좋겠다. 물론 약한 학생을 괴롭혔다는 사실은 부끄러워해야겠지만 인생의 기로에서 함께 서 있었다는 사실은 추억할 만하다. 학업에 짓눌리지만 말고 친구들과 순수한 우정을 나누는 소중한 시간도 많이 만들었으면 좋겠다. 아! 그리고 그 영화에서 마코토는 타임리프 능력을 대부분 친구들을 위해 사용했다. 평생 함께 갈 친구를 얻기 위해서는 언제나 보이지 않는 배려가 필요하다는 것도 알아야 한다.

나와 대화를 나누었던 그 소녀들과 부모들은 피해 학생에게 진심으로 사과하고 합의서를 받아 왔다. 피해를 입은 소녀는 손글씨로 친구들을 용서해달라고 탄원서까지 써주었다. 아무래도 가해 학생들이 타임리프 능력을 발휘한 것 같았다.

「시간을 달리는 소녀」가 전달하고자 하는 메시지는 단순히 과거가 소중하다는 것이 아닐 것이다. 수차례 과거로 돌아가 뭔가를 바꾸더라도 현재는 여전히 만족스럽지 않다. 역시 현재에 집중하고 현재를 즐겨야 하는 것이다. 이미 주어진 상황, 벌어진 일로부터 최선을 다해 새로운 결과를 만들어내지 않는다면 과거로 돌아가도 소용없다. 검사실로 왔던 소녀들이 영화 속 마코토처럼 오늘을 신나게 달리는 모습을 상상해본다. 이 모든 것들은 순식간에 지나가는 유한한 것이기 때문에 더욱 소중하다.

영화의 처음 장면과 마지막 장면에 마코토가 칠판에 써놓은 영어 문장이 마음의 빈 공간에서 길게 울린다.

"Time waits for no one."

스트라이크존은 생각보다 넓더라

강간치상 사건을 진행했는데 무죄판결을 받았다. 국민참여재판 전담을 맡고 나서 첫 무죄판결이다. 피의자가 형벌을 받도록 하는 게 검사의 일인데, 그런 검사에게 무죄판결이란 '패배'를 의미한다. 첫 패배 이후 정신적인 그로기 상태에서 벗어나지 못하고 있었다. 기소한 수사검사를 탓해도 될 상황이었지만, 무죄 선고 난 게 모두 내 탓인 양 여기저기 변명하고 다녔다. 기소한 검사도 싫고 무죄 선고한 판사도 싫고 그냥 다 싫었다.

무기력감으로 의자에 널브러져 있는데 실무관이 기록을 한 권 가져다 책상 위에 놓는다. 배심재판이 신청된 사건이라면서……. 실무관이 나가자마자 절망감에 기록 위에다 머리를 파묻었다. 종이

와 기름 냄새에 정신이 아득하다. '에라, 모르겠다.' 하는 생각이 들더니 이내 잠이 들어버렸다. 한 시간쯤 지났을까. 깔깔 웃는 소리에 잠에서 깼다. 저쪽에서 공판부 후배 검사들이 분식을 시켜 먹으며 수다를 떨고 있다. 저녁 식사인가 보다. 얼굴에 잉크 자국, 침 범벅을 한 채 조용히 후배들 옆으로 다가가 떡볶이와 순대에 손을 가져갔다. 기분이 훨씬 나아졌다.

'이제 기록 좀 볼까나…….'

미성년자 강간치상 사건이다. 죄명만 봐도 지난 주 악몽이 떠올라 미간이 찌푸려졌다. 피해자는 중학교 여학생인데 4년 전, 그러니까 초등학교 4학년 때 피고인으로부터 강간을 당했다. 피고인은 22세 청년으로 평소 친하게 지내던 옆집 오빠인데, 놀러 오라는 말을 듣고 갔다가 변을 당한 것이다. 그런데 피고인이 범행을 전면 부인한다. 피해자가 거짓말을 한다는 것이다. 여학생이 4년 전 피해를 입자마자 신고를 했다면 구속되었을 놈이 이제는 증거가 있냐는 식으로 큰소리치고 있는 것이다.

배심원들이 피해자의 말을 믿어주어야 할 텐데, 지난 주 무죄판결 받을 때 냉담했던 배심원들이 생각나 걱정이 됐다. 피해자는 이미 경찰에서 두 번, 검찰에서 한 번 조사를 받으면서 과거의 악몽에 시달렸을 텐데, 공개된 법정에서 기억하기 힘든 과거를 또다시 진술해달라고 하기가 미안해진다.

배심재판이 열리기 전 한두 번 공판 준비 기일을 갖는다. 공판 준비 기일에는 피고인이 자백하는 사건인지, 배심원은 몇 명으로 할지, 증인으로 누구를 부를 것인지 등을 논의한다. 법정에 변호인과 피고인이 앉아 있는데 피고인을 보니 얼굴은 순진해 보이고 덩치도 작다. 그런데 피고인의 행동이 좀 수상쩍다. 하품을 자주 하고 눈을 감고 있기도 한다. 보다 못한 판사가 왜 그러냐고 묻는다. 피고인은 어려서부터 기면증을 앓아서 잠을 견디지 못한다고 한다. 뭔가 불길한 느낌이 팍 온다.

'정신 바짝 차리지 않으면 또 무죄판결 받을지 몰라.'

피해자 부모에게 전화하여 어렵게 사정했다. 이번이 마지막이고 따님이 되도록 피해를 덜 입도록 조심스럽게 증인신문을 하겠다고 하니 데리고 나온단다. '증인은 됐고, 뭐 좀 더 없을까?' 하는 생각에 기록을 뒤지고 또 뒤진다.

뭔가 보일 듯 말 듯하다. 기록 뒷면에 붙은 '수사경력조회서'에 자그마한 글씨로 메모 한 줄이 적혀 있다. 피고인이 5년 전 고등학생 때 미성년자 강간으로 불기소 처분을 받았다는 내용이다. 그런데 그 한 줄만으로는 어떤 내용인지 전혀 알 수가 없다. 보존되어 있는 기록을 구해야 했다. 실무관에게 관련 기록 좀 찾아달라고 했더니, 한참 만에 그 사건 기록은 보존 기간이 지나서 검찰청에서 보존하지 않고 '국가기록원'으로 이전됐다는 답이 돌아왔다. 그곳에 확실히 있다는 보장도 없다. 재판이 내일모레인데 급하게 됐다. 국가기록원에 전화해서 대출을 신청하니 직접 와서 복사해 가야 한다며 모레 오라고 한다.

재판 당일 아침 일찍 수사관을 국가기록원에 보내 기록을 복사해 오도록 했다. 오후 5시쯤 재판이 끝나니 그 전에 와달라고 부탁한 다음, 우선 증인신문에 집중하기로 했다. 최후변론을 아무리 잘해봐야 증인신문이 잘못되면 아무 소용 없다는 것을 알았기 때문이다.

성폭력 사건의 특성상 방청객을 모두 퇴정시키고 증인석과 피고인석 사이에 차단막을 쳐서 피고인과 증인이 서로 보지 못하게 했다. 그래야 증인이 안심하고 증언할 수 있기 때문이다. 중2 여학생이 부들부들 떨면서 증인석으로 걸어 나온다. 안쓰럽고 미안할 따름이다. 그 와중에 피고인은 고개를 꺼떡꺼떡하면서 졸고 있다. 남일도 이런 남 일이 없다. 잠시 그놈의 뒤통수를 때리는 상상을 해본다.

내가 먼저 증인신문을 하는데 여중생인 피해자는 질문을 받을 때마다 울음을 터뜨린다. 검사가 더 냉정해져야 하는데 그게 잘 안돼서 진척이 더디다. 딱한 장면을 보다 못한 재판장이 나서서 좀 야멸차다 싶게 질문해나간다. 그제야 피해자도 감정을 추스르고 4년 전 일을 되살려 대답한다. 배심원들 표정을 보니 믿는 것 같기도 하고 안 믿는 것 같기도 하다. 속이 탔다.

검사 출신 베테랑 변호인이 그 틈을 놓칠 리가 없다. 여중생을 만신창이가 되도록 신문한다. 4년 전 사건의 기억을 온통 섞어놓는다. 반대신문에는 유도신문도 허용된다. 어린 증인은 유도신문에 쉽게 넘어가는 경향이 있다. 우리 증인은 여지없이 중요한 질문에 넘어가버린다. 내가 다시 신문해서 약간 되돌려놓긴 했지만 역부족인 느낌을 지울 수가 없다.

증인신문을 마치고 30분 정도 휴정 시간을 가졌다. 사무실에 들어가보니 수사관이 국가기록원에서 가져온 복사물을 책상 위에 올려놓았다. 기록이 두껍지 않아 5분 만에 다 읽었다.

'이런 나쁜 자식을 보았나!'

몸을 부르르 떨었다. 기록을 가지고 바로 법정으로 갔다. 여전히 피고인은 눈을 감았다 떴다를 반복하면서 조는 시늉을 하고 있었다.

재판이 재개됐다. 나는 그 복사물을 들고 법정 가운데 쪽으로 걸어갔다. 그리고 기록을 앞에 놓으며 재판장에게 말했다.

"피고인이 오 년 전에 여섯 살짜리 옆집 여자아이를 성폭행했다가 합의되는 바람에 불기소처분을 받은 사건 기록입니다. 제출하도록 하겠습니다."

재판장이 곤란하다는 표정을 지으며 말한다.

"검사님, 공판 준비 기일에 제출할 증거들을 모두 합의하여 확정했는데 이렇게 당일 새로운 증거를 제출하시면 곤란합니다."

"재판장님, 그 부분은 죄송하게 생각합니다. 이 기록이 존재하는 줄 몰랐다가 최근에 알게 되어 오늘 국가기록원에서 복사해온 겁니다. 증거로 제출하지 않고 참고자료로 제출하도록 하겠습니다."

"참고자료요?"

재판장이 머리를 돌려 오른쪽에 앉은 배석 판사와 상의한다. 순간 나는 다 말라버린 입술을 혀로 급히 적신다. 마른침을 목구멍으로 넘기는데 재판장이 말한다.

"그럼 참고자료로만 받도록 하겠습니다."

최후변론을 하는데 배심원 몇 명은 눈을 마주치고 몇 명은 애써 피한다. 변호인은 최후변론 직전에 제출한 참고자료 탓인지 좀 긴장한 듯 보였지만, 베테랑답게 오늘 법정에서 벌어진 상황을 피고인에게 유리하게 정리해준다.

사무실에 앉아 전화기만 물끄러미 바라보고 있다. 배심원 평의가 끝나고 판결을 선고하겠다는 전화가 오기를 기다리는 것이다. 변론 종결한 지 네 시간이 지나 밤 10시가 넘어가는데도 전화가 없다. 이런 경우는 십중팔구 배심원들이 치열하게 갑론을박을 하고 있다는 얘기다. 10시 10분쯤 전화가 왔다. 긴장된 마음으로 법정으로 향했다. 시험 합격자 발표를 들으러 가는 심정이었다.

배심원 대표가 재판장에게 평의 결과를 전달한다. 재판장은 이를 받아 읽어본 후 선고를 시작하겠다고 한다. 그때도 피고인은 꾸

벅꾸벅 졸고 있다. 아니, 조는 시늉을 하고 있다.

"피고인! 선고할 테니 정신 차리고 들으세요."

"……."

"……이러한 이유로 피고인에게는 유죄가 인정됩니다. 피고인에게 징역 3년을 선고하고 법정 구속합니다."

징역 3년이라는 말에 피고인이 자리에서 벌떡 일어난다. 뭔가 말을 하려는데 잘 안 나오는 모양이다. 교도관들에 이끌려 법정 밖으로 끌려 나가는 피고인을 보니 권선징악, 사필귀정이라는 말이 실감났다.

깊게 한숨을 쉬면서 법정을 나왔다. 정말이지 교과서에서 보는 것처럼 깔끔하게 정리되는 사건이 하나도 없다. 과정이 거칠고 또 거칠다. 정답 없는 우리 인생살이 같다. 부족했던 나를 다시 한 번 되돌아본다.

문득 아까 내가 던진 기록이 스트라이크존에 꽂히지 않았을 수도 있다는 생각이 들었다. 재판장이 그 기록을 증거자료로 받아주나 참고자료로 받아주나 결과는 똑같았을 것 같다. 하지만 뭐라도 포수 글러브에 던져 넣어야 심판이 판단할 것 아닌가.

국내와 메이저리그에서 가을 야구가 한창이다. 투수들이 홈런 타자들을 상대로 겁 없이 강속구를 뿌려댄다. 볼인 것 같은데도 심판이 스트라이크라고 외치는 경우가 종종 보인다. 타자들이 불만을 표시해도 결과에 영향을 주지 않는다. 그런 걸 보고 있자니 나처럼 겁 많은 투수도 볼 던지는 것을 무서워할 게 없다는 생각이 든다. 왜냐? 스트라이크존은 우리가 생각하는 것보다 꽤 많이 넓기 때문이다. 오늘 던진 스트라이크로 난 내일도 다시 등판해서 승수勝數를 쌓을 용기를 얻었다.

미안하다,
믿어주지 못해서

•
•
•

검사로 두 번째 임지에서 있었던 일이다.

요즘 아주 칼이 잘 든다. 휘두르는 대로 썰린다. 어디 누구라도 걸리기만 해봐라, 하는 심정으로 오늘 배당된 기록들을 꼼꼼히 살피는데 아무래도 또 누군가 걸려든 것 같다.

사건 기록은 아주 얇다. 스물한 살의 젊은 남자가 승용차를 운전하던 중 중앙선을 넘어 반대편에서 오는 차량을 들이받고, 그 충격으로 길가로 밀려나던 중 다시 전봇대를 들이받고 멈췄다. 10분 정도 지나 119 구급대가 출동했는데 승용차 운전자가 어디로 사라지고 없더란다. 뻥소니다. 이런 경우 십중팔구는 음주운전 하다가 사고를 내고 무서워서 도망쳤다고 봐야 한다. 사고를 내고 도망치면

뺑소니로 더 엄하게 처벌받는 것을 알고 있겠지만 술 취한 상태에서는 그런 고급스러운 생각을 하지 못한다. 그 자리를 우선 피하고 보자는 유아기적 생각이 뇌를 지배하게 되는 것이다.

피해 차량에 타고 있던 피해자는 전치 3주의 상해를 입었는데 다행히 사고에 비해 크게 다친 것 같진 않았다. 그런 사정을 참작하여 경찰도 불구속 수사로 검찰에 송치한 것으로 보인다. 그런데 입건되어 온 피의자가 가해 차량의 소유자로 등록되어 있는 사람과 다르다. 입건된 이는 차량 소유자의 동생이다.

'어라? 이거 좀 이상한데.'

검사의 직관과 호기심이 발동했다.

피의자가 경찰에서 진술한 것을 보면, 최근에 자기가 형의 차를 운전해왔는데 회식이 있어 술을 마신 뒤 운전하다 사고가 났고 무서워서 도망한 것이라고 한다. 완전한 자백이다. 형은 1년 전 음주운전으로 면허가 취소되어 차량을 운전할 수 없었고, 동생인 자신이 가해 차량을 운전해왔다는 것이다. 피의자와 그 형의 범죄 경력 조회서를 떼어보니 동생은 깨끗한 반면 형은 음주운전과 무면허운전으로 다섯 차례 이상 벌금형을 선고받은 것으로 확인된다. 스토리가 그려졌다.

당시 휴대폰이 보급된 지 얼마 안 됐을 때지만 다행히 피의자와 그 형은 모두 휴대폰을 갖고 있었다. 그래서 두 사람 모두의 휴대폰 통신 내역을 확인했다. 사고 당일과 그다음 날 각자의 위치를 파악하기 위해서였다. 역시! 사건 장소 부근에 형의 휴대폰이 있었고, 동생은 집 근처에 있었던 것으로 나왔다. 하지만 그것만으로는 형이 운전했다고 단정하기에 부족하다. 서로 휴대폰을 바꿔 가지고 다녔다고 하면 어쩔 수 없지 않은가.

피의자인 동생을 불러 일대일로 승부를 보자 마음먹었다. 며칠 후에 피의자를 소환했다. 검사실에 들어오는데 모자를 푹 눌러쓰고 있다. 얼굴색도 많이 좋지 않다. 모자를 좀 벗어보라고 했더니 자꾸 머뭇거린다. 이상해서 본인 확인을 해야 하니 모자를 벗으라고 했다. 쭈뼛거리면서 모자를 벗는데 정수리 부분이 휑하다. 왜 이렇게 머리카락이 빠졌냐고 했더니 그냥 최근 들어 빠지더라는 대답만 돌아온다.

'쯧쯧, 혼자서 고민 많이 했구먼.'

이렇게 작정하고 온 사람한테는 거짓말을 많이 하도록 내버려두면 안 된다. 사람 속성이 일단 거짓말을 많이 해놓으면 그것을 스스로 뒤집기가 쉽지 않기 때문이다. 심지어 거짓말을 계속하다 보면 거기에 함몰되어 그게 진실인 것처럼 확신을 가지게 되는 경우도 있다. 많은 사람들이 전과자가 될지언정 스스로를 거짓말쟁이라 인정하기는 싫어한다.

나는 일부러 처음부터 좀 세게 나갔다. 우리가 다 알고 있으니 거짓말할 생각하지 말라고. 그런데 내가 너무 쉽게 보았나 보다. 형제애가 남달랐다. 자기가 운전한 것이 맞다고 계속 우긴다. 그래도 한 가지 원칙만은 지키면서 질문을 계속했다. 거짓말이 길어질 것 같으면 말을 끊고 내가 가지고 있는 증거에 비추어보면 그건 거짓말이라고 강조했다.

그렇게 서로 긴장한 상태로 팽팽하게 신경전이 오갔다. 두 시간쯤 똑같은 말을 반복하고 있으려니 진이 빠졌다. 처음과 달라진 점이 있다면 피의자가 이제는 고개를 떨군 채 대답하고 있다는 점이다. 그 모습은 자기가 운전한 게 아니라는 걸 인정하고 있다고 해도 무방한 상황이었다. 그 젊은이는 점점 더 순교자의 모습으로 바뀌어가고 있었다.

기분 전환이나 하려고 창가로 가서 밖을 내다봤다. 오래된 시골 지청이라 풍경이 좋았다. 내 나이보다 더 오랜 시간 그 자리에 서 있었을 것으로 보이는 단풍나무가 빨갛게 물들어가고 있었다. 그 옆의 짙은 노란색 은행나무와 조화를 이루어 감탄을 자아냈다. 그때 오랜만의 청량감을 방해하는 풍경이 내 눈을 괴롭혔다. 은행나무 밑에 젊은 남자 하나가 쪼그리고 앉아 담배를 피우고 있었다. 처음에는 그냥 민원인이려니 생각했는데 계속 지켜보니 우리 사무실이 위치한 3층 쪽을 보면서 초조함을 감추지 못하고 있다. 잘 보니 피의자와 덩치도 비슷하고 좀 닮은 구석이 있다.

'이 녀석들이 같이 왔구먼. 마음이 지옥이겠어.'라는 생각과 더불어 자신들이 만든 마음의 지옥으로부터 이 녀석들을 구출해주어야겠다는 생각이 들었다. 그러자면 내가 좀 더 강하게 밀어붙여 승리를 거두는 수밖에 없다. 미안하지만 이런 때는 우선 형제 간 우애에 살짝 금이 가게 하는 수밖에.

도로 자리에 앉아 고개를 숙이고 있는 피의자에게 다시 말을 건넸다. 아까보다는 많이 누그러진 말씨로.

“이 친구야, 나도 남자 형제만 삼형제야. 누구는 형제 간에 의리가 없겠나. 하지만 내가 형이라면 이렇게 안 하지. 나 대신 동생을 전과자 만들려고 하는 사람이 어디 있어? 네 뒤에 숨어 있는 형은 비열한 거야. 동생은 이렇게 원형탈모증까지 걸리면서 힘겹게 싸우고 있는데 형은 편안하게 숨어 있단 말이야?”

“…….”

“솔직히 네 형은 정말 맘에 들지 않지만 네가 형을 생각하는 마음만은 정말 존경스럽다. 고민하고 있는 것이 대충 뭔지 알 것 같아. 사실대로 얘기하면 형을 구속하지 않고 수사하는 것을 고려해 볼게.”

그 말을 듣고 있는 피의자의 어깨가 움찔한다. 그리고 얼굴을 드는데 눈물이 주룩 두 뺨을 타고 흘러내린다.

“정말이세요, 검사님?”

“그래, 이 친구야. 빨리 그 지옥에서 벗어나. 그게 형을 돕는 길이야.”

그제야 가짜 피의자는 사실대로 털어놓는다. 형이 음주운전을 하다 사고를 내놓고 집에 와서는 자기에게 별거 아니니 대신 조사를 받아달라고 부탁해서 여기까지 오게 되었단다.

가짜 피의자에 대한 조사를 마치면서 형에게 전화해서 검사실로 올라오라고 했다. 잠시 후 문이 열리면서 가짜 피의자를 닮은 청년이 들어온다. 머리를 긁적이더니 "죄송합니다." 하고는 가짜 피의자 옆에 앉는다. 그리고 말없이 동생의 손을 잡는다.

비로소 피의자여야 할 사람이 피의자가 됐다. 그 형을 입건하고, 약속대로 불구속 상태로 기소했다.

두 형제를 보고 있노라니 어릴 적 동생과의 추억이 떠오른다. 시골 동네에서 우리 삼형제는 개구쟁이로 유명했다. 학교만 다녀오면 무조건 마루에 가방을 던져놓고 산으로 들로 뛰어다녔다. 2킬로미터 떨어진 학교에 셋이 나란히 걸어 다녔다. 학교 끝나고 돌아오는 길에 고구마도 캐 먹고 도랑에서 물고기도 잡았다. 항상 붙어 다니다 보니 형제애가 남달랐다.

하루는 교회 마당에서 야구 연습을 하다가 내가 친 공이 잘못 날아가 교회의 유리창을 깼다. 순간 너무 무서워 집으로 도망쳐 왔다. 어떻게 알았는지 잠시 후 교회 집사님이 우리 집으로 와서 누가 유리창을 깼냐고 큰 소리로 호통을 쳤다. 나는 그 상황이 무서워 선뜻 나서지 못하고 있었는데 동생이 앞으로 나섰다.

"제가 그랬습니다. 죄송합니다."

내 동생은 그분에게 한참 동안 혼나고 아빠에게도 잔소리를 들어야 했다. 그런데도 동생은 담담한 표정으로 가만히 서 있었다. 동생한테 미안해서 눈물이 찔끔 났다. 잘 때 옆에 누워 있는 동생의 손을 살그머니 잡았다. 동생도 손에 힘을 실어 맞잡아 주었다.

둘 다 마흔이 넘은 나이가 됐다. 그 시절의 우리만 한 아이들을 각자 낳아 기르면서도 가끔 그때 얘기를 하면서 웃는다. 동생은 여전히 어릴 적 모습 그대로다.

두 형제의 사건을 수사한 지 10년도 더 지나고보니 패기 넘치는 젊은 검사가 두 형제 사이를 갈라놓은 것은 아닌지 좀 미안하고 걱정도 된다. 젊었을 때는 '오늘 내가 이놈을 꼭 잡고야 만다. 꼭 구속하고야 만다.'라는 생각에 사람살이에 대한 생각을 덜 하고 산 것 같다. 칼로 사람을 잡을 줄만 알았지 칼로 사람을 살릴 수 있다는 생각을 하지 못했다. 다시 한 번 그 피의자 동생에게 미안하다. 믿어주지 못해서.

악마는
법정에 서지 않는다

수도권의 검찰청에서 뜻하지 않게 강력 전담 업무를 맡게 됐다. 초임 때 강력 검사 업무를 하면서 안타까운 사건들을 무수히 접하였기에 선뜻 내키지 않았으나 운명의 부름이라 생각하고 받아들였다.

강력 검사실로 옮기자마자 관내 경찰서의 미제 살인 사건들에 관심을 가졌다. 검사가 신경 쓰면 경찰관들이 미제 사건을 해결하고자 힘쓸 것 같았기 때문이다. 관내 경찰서의 미제 살인 사건 기록 10여 건을 검사실로 가져오게 했다. 끔찍한 사건들이 의외로 오랫동안 해결되지 못하고 있었다.

막상 검토해보니 경찰들도 있는 방법 없는 방법 모두 동원해서 수사하였으나 어쩔 수 없이 해결하지 못한 사건들이 대부분이었다.

'그럼 그렇지, 살인 사건을 대충 수사하는 경찰이 있을까.'

밤늦게 마지막 미제 살인 사건을 검토하다가 한 대 얻어맞은 듯이 머리가 띵하고 울렸다. 억울한 죽음이 있는데, 눈앞에 살인범이 있는데, 그냥 보고만 있어야 하는 사건이었다. 검사로서 미안한 마음까지 들었다.

4년 전 한 농로에서 젊은 여자가 목 졸려 살해된 채 발견됐다. 피해자는 한 남자의 아내이자 어린 남매의 엄마다. 남편 말에 따르면 피해자가 새벽에 나갔는데 돌아오지 않았다고 한다. 경찰이 남편의 태도에 의심을 갖고 엘리베이터 CCTV를 살펴보니 아침 일찍 부부가 엘리베이터를 타고 내려가는 장면이 나온다. 그런데 한 시간 후에 남편 혼자만 엘리베이터를 타고 올라온다.

피해자의 몸이나 주변에서 나온 증거들이 부족한 상황이라 남편으로부터 자백을 받는 것이 급선무인 사건이었다. 실제로 담당 경찰도 남편 행적에서 보이는 의문점들을 토대로 조사한 뒤 그를 긴급체포했다. 긴급체포 후에는 48시간 이내에 구속영장을 청구하든지 풀어주든지 해야 한다. 경찰은 남편의 태도에서 범인이라는 확신을 갖고 구속영장을 신청했다.

그런데 구속영장 청구를 받은 판사가 지금까지의 수사 내용만으로는 범인이라고 단정하기 어렵다는 이유를 들어 기각해버렸다. '응? 그렇게 불충분한가?' 생각하면서 다시 수사 기록을 들춰 보니 당시 경찰이 수사 기술로 할 것은 다 했고 남편을 범인이라고 볼 만한 여러 정황도 있었다. 그리고 결정적으로 긴급체포된 후 남편의 태도를 적은 경찰관의 서류가 눈에 크게 들어왔는데, '아내를 살해했느냐는 질문에 피의자가 제대로 대답하지 못하며 괴로워하는 모습을 보인다.'는 내용이었다.

경험에 비추어봤을 때 이런 상태의 피의자에게 구속영장이 발부되면 십중팔구 자신의 범행을 털어놓게 되어 있다. 하지만 판사의 기각과 더불어 남편은 즉시 석방됐다. 석방된 뒤 경찰은 조사를 위해 남편을 몇 차례 더 불러 조사했다. 그러나 이제는 모든 것이 변해버린 뒤였다. 자신이 아내를 죽였다는 것을 입증할 만한 증거가 부족하다는 사실을 알게 된 피의자는 이제 할 테면 해보라는 식이 되었다. 죄 없는 사람을 왜 이리 오라 가라 하냐는 투였다.

이제 진실이 절차적 안이함 속에 묻힐 차례다. 조사하는 사람이나 조사받는 사람이나 누가 범인인지 알고 있다. 하지만 소환조차 마음대로 할 수 없는 상황이 되어버린 것이다.

사실 기록상 나타난 증거만으로는 좀 부족할 수 있다. 어차피 유죄판결을 받을 때까지는 무죄추정 아닌가. 하지만 피의자가 인간적인 고뇌를 보이는 상황이라면 사람으로서 참회할 시간을 주는 것이 마땅하다. 악마가 되었던 그 사람, 인간의 세계로 올 뻔했던 그 사람은 여전히 악마의 세계에 남게 됐다.

기록 끝 부분을 보니, 그는 이제 아이들을 데리고 먼 지방으로 이사 간다면서 더 이상 부르지 말라고 했단다. 그 '사람'을 이제 더 이상 법정에 세울 수 없게 됐다.

절망감 속에 누군가를 법정에 세울 때도 있다. 사람의 모습으로.

지방 생활을 마치고 수도권 검찰청으로 부임한 지 며칠 되지 않았을 때 언론에 끔찍한 사건이 보도되었다. 옛 애인을 칼로 위협하여 차에 태우고 다니면서 강간한 사건으로 기소된 피의자가, 재판을 받던 중 합의해주지 않는다는 이유로 그 애인을 살해한 것이다. 강력 담당이었지만 그 사건은 제발 나에게 배당되지 않기만을 기도했다. 그러나 언제나처럼 불길한 예감은 틀리지 않아 며칠 뒤 그 사건은 내 책상 위에 올라와 있었다.

조사를 받기 위해 포승줄에 묶여 들어오는 피의자의 모습은 평범 그 자체였다. 어떻게 저런 사람이 이런 무시무시한 범행을 저질렀나 궁금하기까지 했다. 수사관이 조사를 시작하기 전부터 피의자는 한참을 울었다. 아내와 아이 둘이 있는데 그들을 평생 마음 놓고 보지 못한다고 생각하니 눈물이 나온다고 했다.

'나 참, 뭐야. 결혼한 사람이야? 그럼 바람을 피우다가 애인을 죽인 거네!'

한숨이 절로 나왔다. 피의자는 범행을 어떻게 저질렀는지 기억도 잘 안 난다고 했다. 그때는 정말 자기 자신이 아니었단다. 그러면서 이렇게 말했다.

"지난번 사건 때 내가 구속됐어야 했는데……."

'지난번 사건'은 그 옛 애인을 강간한 사건을 말한다. 그 사건은 재판 진행 중인 사건이라 법원으로부터 대출받아 읽어봤다.

피의자는 기업에 근무하면서 자신의 감독하에 있던 여직원(피해자)과 사귀게 된다. 피해자는 가정이 있는 피의자와 이루어질 수 없는 사이임을 알고 그만 만나자고 한다. 그때부터 피의자의 태도가 포악하게 돌변해 강박 증세를 보이면서 절대 놓아주지 않겠다고 한다. 피해자는 무서워서 피의자를 피하기 시작한다. 피의자는 더욱더 그녀를 괴롭힌다. 만나주지 않자 점퍼에 식칼을 품은 채 그녀를 찾아가 위협하여 강제로 차에 태운다. 이리저리 태우고 다니면서 두 차례 강간하고 다시 집에 데려다준다.

그녀는 피해 내용을 적은 고소장을 경찰서에 제출했고, 경찰이 수사에 나섰다. 경찰은 사안이 중하다고 판단하여 구속영장을 신청했는데, 판사가 이를 기각했다. 기각 이유는 이랬다. '고소장에는 강간을 한 번 당한 것으로 기재되어 있는데 고소인이 경찰에서 진술할 때는 두 번 당했다고 한 것으로 보아 그 진술을 근거로 구속하기는 어렵다.'

이 부분을 읽는데 화가 치밀기 시작했다. 피의자가 칼을 점퍼에 넣은 채로 찾아간 것까지 인정하는 마당에 강간을 한 번 한 것이나 두 번 한 것이나 무슨 차이가 있다는 말인가.

기록을 좀 더 읽다 보니 그녀는 검찰에서 조사받으면서 이런 진술을 했다. “저 남자의 눈빛이 너무 무서워요. 아무래도 저를 죽일 것 같아요.” 결국 그는 구속되지 않은 채 재판에 넘겨졌다. 재판이 진행되는 동안 그녀는 다른 남자와 결혼해서 피의자가 모르는 장소에서 신혼살림을 차렸다. 그는 다시 칼을 품고 그곳까지 찾아가 퇴근하는 그녀를 찔렀다.

그가 이제 와 후회하는 것을 이해하기 어려웠다. 하지만 자신이 전에 구속이 되었더라면 이런 일이 없었을 것이라는 탄식에는 동정이 갔다. 아마도 구속되었더라면 그는 가족들이 크게 놀라고 걱정하는 모습을 보았을 것이다. 그리고 자신의 모습을 돌아보고 반성하는 기회를 가졌을 것이다.

검사실에서 울면서 반성하는 모습에서 악마의 모습은 발견할 수 없었다. 처절한 후회로 가득 찬, 동정 받는 한 인간이 있을 뿐.

이와 같은 사건들을 겪으면서 내가 앉아 있는 이 자리가 새삼 무겁게 느껴진다. 우리 검사나 판사가 과연 인과의 사슬에서 자유롭다고 할 수 있을지 깊이 생각하게 된다. 명확하게 결정하고 판단하는 것이 우리네 의무라면, 삶과 죽음의 문제에 관해서는 어느 정도의 불명확성을 견뎌야 하는 것이 우리네 숙명일 것이다. 불명확성을 견디는 힘, 그러한 용기를 갖는 것이 우리가 할 일이다. 그래야 가끔은 악마를 법정에 세울 수 있다.

바람만이
알 수 있는 진실

●
●
●

한겨울, 바로 옆 선배의 사무실이 좀 바쁘게 돌아간다. 그 선배님이 강력I, 내가 강력II 전담을 하다 보니 항상 사건과 정보를 공유한다. 며칠 전 실종 신고되었던 대기업 여사원의 사체가 발견됐다는 보고를 방금 경찰서 강력반장으로부터 받은 모양이다. 그 선배는 바로 현장으로 출동하여 사건 지휘를 하고 돌아왔다.

목이 졸려 살해됐고 한쪽 양말이 벗겨진 채 발견됐다고 한다. 피해자가 동료들과 회식을 한 후 택시를 타고 귀가하던 중 변을 당했다고 하는데, 언제 누구에게 어떻게 살해됐는지는 경찰 수사를 좀 더 지켜봐야 알 것 같다고 한다. 선배는 피해자의 가족을 보고 온 뒤 상당히 마음 아파했다.

피해자는 어렵게 대기업에 취직한 후 가족들을 위해 희생해온 효녀였다. 가족들은 피해자가 실종된 후 어디엔가 살아 있기만을 간절히 바라왔는데 사체로 발견되었다니 그 절망감은 이루 말할 수 없을 것이다.

강력 사건이 발생한 경찰서는 그 사건에 전념한다. 살인 사건이 일어나면 해당 경찰서는 그야말로 비상사태다. 적어도 살인범이 밝혀져 잡히기까지는 말이다.

경찰관들은 회식한 직장 동료들의 진술로 그녀의 당일 행적을 추적하기 시작했다. 그런데 지하철역 앞에서 택시에 탑승한 후 그녀의 행방을 알 수가 없다. 지하철역 앞 버스 정류장에 설치된 CCTV에 택시 타는 모습이 흐릿하게 찍혔는데, 집 근처 CCTV에서는 그녀의 모습을 찾을 수 없다. 지금이야 CCTV 공화국이라고 불릴 정도로 수많은 카메라가 쉼 없이 돌아가고 360도로 우리 삶을 감시하지만, 당시는 그런 장비가 턱없이 부족했다. 경찰은 직장 동료에게 의심을 품었다가 이내 택시 기사 쪽으로 혐의를 돌렸다. 그러나 어떤 택시가 피해자를 태우고 갔는지조차 알기 어려운 형편이었다.

아마도 경찰서의 전 인력을 활용한 것 같았다. 경찰관들은 관내 택시 회사들이 보유하고 있는 모든 택시의 주행기록계(일명 '타코미터')를 일일이 확인했다. 주행기록계는 시간별로 차량 엔진의 회전

속도를 기록한 것이다. 경찰은 CCTV에 촬영된 동영상을 통해 피해자가 택시를 탄 시간을 알고 있었으므로, 택시가 피해자를 태우기 위해 정차하여 회전속도가 제로였다가 출발하면서 회전속도가 올라간 택시를 찾기 시작했다. 수백 대 택시의 주행기록계를 일일이 검수하여 몇 대의 차량으로 좁혔다.

경찰은 택시 회사의 협조를 받아 그 차량들을 수색했다. 그러나 1차 수색에서 아무런 단서도 찾지 못하였고, 당일 그 택시들을 운전한 기사들을 심문해보았지만 혐의점을 발견할 수 없었다. 다시 택시 기사가 아닌 쪽에 혐의를 두기 시작했다. 피해자가 택시에서 내려 동네에서 희생되었을 수도 있다고 생각한 것이다.

그 무렵 택시들에 대한 1차 수색에서 단서를 찾는 데는 실패했지만 유독 택시 한 대에 의심을 두고 집착한 한 형사가 있었다. 주행기록계로 볼 때 CCTV에 나타난 시각과 유사한 시간에 정차하고 출발한 것을 알 수 있었다. 그리고 무엇보다도 그 차량 내부가 유난히 깨끗이 청소되어 있었는데, 그 형사는 그 점을 눈여겨보고 있었다. 수사 기록에는 없었지만 아마도 스쳐 지나가는 택시 기사의 행동이나 표정에서 뭔가 의심스러운 낌새를 눈치챘을 것이다. 이러한 것은 말로 설명하기 어려운 동물적인 감각의 영역에 속하는 것이다.

그 경찰관은 택시 회사 관계자에게 다시 한 번 그 택시를 수색할 수 있게 해달라고 요청했다. 그리고 택시 내부를 진짜 이 잡듯 샅샅이 뒤졌다. 그 형사는 자신의 본능적인 감각을 믿었고, 무엇보다도 여동생 같은 피해자의 얼굴이 어른거려서 더욱 정성을 쏟았을 것이다. 정성을 다하면 하늘도 감동한다고 했던가. 운전석 뒷좌석의 등받이와 엉덩이 받침대 사이로 손을 쑥 넣어 휘젓던 경찰관의 손에 무언가 보드라운 것이 만져졌다. 손으로 꽉 잡아 빼내어 보니 여자 양말이다.

'이거다. 찾았다!'

곧바로 그 양말은 피해자가 사건 당일 신고 있었던 것으로 밝혀졌고, 택시 기사는 긴급체포 되었다. 40대의 택시 기사는 모든 것을 체념하고 자신의 범행을 털어놓았다.

피해자가 만취 상태로 택시에 탔고 자신의 집으로 가는 동안 차 안에서 구토를 하고 만다. 택시 기사는 우선 짜증이 났지만, 젊은 여자 승객이 만취되어 뒷자리에 쓰러져 있는 모습을 보고 그만 딴 마음을 품게 된다. 정신이 없는 피해자를 성폭행하고 돈도 빼앗기로 한 것이다. 하지만 막상 강제로 옷을 벗기려고 하자 피해자가 심하게 반항을 한다. 몇 대 때려도 진정이 되지 않자 택시 기사는 성폭행을 단념했다. 순간 피해자가 정신을 차리고 신고하게 되면 자신이 구속되고 일자리도 빼앗긴다는 생각이 머리를 지배한다.

어느새 피해자의 가녀린 목은 거친 사내의 두 손에 잡힌다. 피해자는 정신이 몽롱한 상태에서 위기를 느끼고 발버둥치고 소리도 쳐보지만 사내는 멈출 줄 모르고 도와줄 사람은 없다. 이윽고 피해자의 몸에서 영혼이 힘없이 빠져나간다.

택시 기사는 이제 제정신이 돌아왔지만 이미 사건은 저질러져 돌이킬 수 없게 되었다. 그는 담배를 몇 모금 깊게 빨고는 피해자의 사체를 인적이 드문 곳에 버리고 새벽에 바로 세차장으로 가서 내부와 외부를 깨끗이 씻어 흔적을 없앤다.

그 몇 시간이 그에게는 꿈만 같았을 것이다. 가해자와 피해자 모두에게 그 시간은 아쉽고 되돌릴 수 없는 것이었다. 그는 피해자의 사체를 치울 때 피해자의 양말이 한쪽밖에 없어서 다른 한쪽을 한참 동안 찾았다. 그런데 어디에서도 발견할 수 없어서 단념했다. 그 한쪽이 집념 어린 경찰관의 손에 의해 발견된 것이다. 그 경찰관도 어떻게 그 양말이 택시 뒷자리 깊숙한 곳에 들어갔는지 모르겠다고 한다.

이 사건을 기소하기 전날 밤 선배와 나는 사건 기록을 보면서 이런저런 대화를 나누었다. 피해자의 유족들이 제출한 서류들을 보니 사연이 절절하다. 시간을 되돌릴 수만 있다면 얼마나 좋을까. 아직도 어린아이로만 생각되는 고명딸을 잃은 부모의 애끓는 마음을 어느 누가 상상할 수 있을까.

난 여전히 궁금했다.

"선배님, 그 양말이 어떻게 그곳에 들어가게 되었을까요?"

"그러게 말이야. 피해자가 만취 상태라 정신이 없었을 텐데. 그건 일부러 집어넣어야 가능한 건데……."

그날 저녁은 더 이상 야근하기가 어려웠다. 너무 마음이 뒤숭숭했다. 검사실을 정리하고 나오면서, 무자비한 범인의 손에 생명줄을 잡힌 채 자신의 흔적을 남기기 위해 사력을 다한 피해자의 원혼이 편히 쉬길 빌었다. 검찰청 현관문을 나서는데 한 줄기 찬 겨울바람이 뺨을 훑고 지나간다.

'아마 저 바람은 진실을 알고 있겠지…….'

사람 일,
정말 몰라요

뭔가를 시작하기 전부터 정답이나 결과를 안다고 생각할 때가 있다. 그러나 결과를 구하는 여정에서 모든 것을 확신하기에는 우리가 너무도 불완전한 존재임을 깨닫게 된다. 그저 완전함에 다가가기 위해 오늘 하루 최선을 다할 뿐이다.

공판부에서 국민참여재판 전담을 하던 때다. 기존의 재판 방식과는 달리 배심원인 일반 시민에게 사건을 설명하고 그들로부터 판단을 받는 일이라 처음에는 어려움을 겪었다. 판사에게 우리들만의 용어를 사용하면서 증거를 제시하고 법리를 주장하는 것과는 전혀 달랐다.

최초 사건 설명부터 최후변론에 이르기까지 검사가 배심원들 앞에 서서 여러 번 스피치를 해야 한다. 남들 앞에서 말하는 것에 어려움을 겪는 나로서는 그것을 전담하는 자체가 스트레스였다. 하지만 주어진 일을 해야 하는 처지이다 보니 떠맡는 수밖에 없었다.

언제나 내 자신을 이겨내고 스스로 설정한 한계를 뛰어넘는 일의 연속이다. 배심재판 경험이 있는 선배로부터 조언을 구하고 관련 논문을 찾아보면서 내 자신을 단련시켰다. 특히 아침마다 거울을 보면서 연기자가 대본 연습 하듯 스피치 연습을 했다.

거울 속 나와 눈을 마주치고 얘기하는데 너무 어색하다. '내가 나에게 쑥스러워하다니…….' 그런데 나를 똑바로 보고 진심을 담아 얘기하다 보니 거울 속에 있는 내가 나를 너그럽게 바라보는 것 같아 마음이 편안해지는 걸 느꼈다. '이거구나. 배심원 앞에서도 진심을 담아 얘기하면 편안하게 바라봐 주는 사람들이 있겠구나.'라는 생각이 들었다. 그러자 마음이 편해지면서 자신감도 생겼다.

그러나 연습 무대와 실제 무대는 달랐다. 수십 명의 방청객이 지켜보고 있는 '무대'에서 나를 바라보는 아홉 명의 배심원들과 일일이 눈을 마주치며 연설하는 것이 너무 버거웠다. 첫 사건은 강도가 다른 사람의 집에 침입하여 사람을 찔러 죽인 사건이어서 배심원을 설득하기가 쉬울 줄 알았는데 그리 쉽지만은 않았다. 피고인의 인생에 대해 심판해야 된다는 부담감, 오판의 가능성 등이 배심원들의 마음을 편치 않게 하는 모양이었다.

그래도 몇 달간 사건마다 유죄판결을 받게 되니 자신감이 붙었고, 그 자신감은 '내 법정 스피치 기술이 많이 늘었고 그게 배심원들에게 통하나 보다.'라는 생각을 갖게 만들었다. 그래서 더욱 스피치 기술 습득에 전념하게 됐다. 4개월 정도 하다 보니 이제 웬만한 사건에서 지지 않겠다는 자신감이 붙었다.

그런데 그렇게 생각하는 나를 바꾸어준 사건이 있다. 정확히 말하면 내 직업에서 무엇이 중요한지를 가르쳐준 사건이다.

마흔 살의 피고인이 초등학교 동창 모임에 나갔다. 술자리가 2차, 3차까지 이어지다 보니 많이 취했다. 그 자리에 어렸을 때 짝사랑했던 여자 동창이 있었는데 서로 편하게 말하다 보니 금세 친해졌다. 모임을 끝내고 다들 헤어지는데 피고인과 그녀는 다른 사람들 몰래 둘만 한잔 더 하러 갔다. 그 술집을 나오는데 피고인이 넘지 말아야 할 선을 넘고 말았다. 후미진 골목 계단에서 그녀에게 강제로 키스하면서 넘어뜨렸다. 그녀가 소리 지르자 바로 그치기는 했는데 그녀 허벅지에 약간의 상처가 났다. 수사검사는 피고인을 구속하고 '강간치상'으로 기소했다. 강간치상은 최소 징역 5년형을 선고할 수 있는 사건이다.

수사검사가 사건 기록에 편철해놓은 대법원 판례를 보면 강간치상으로 유죄를 선고받는 것은 문제가 없어 보였다. 그냥 해오던 대로 자신 있게 하자고 다짐하고 준비했다. 다만 피해자가 법정에서 증언을 해야 하는데 그것이 걱정됐다. 피해자의 증언은 이런 사건에서 가장 중요한 증거이기 때문에 조심스럽다. 그래도 피해자 자신이 겪은 일이니 알아서 잘 증언하리라 믿고 증인신문 사항을 만들고 최후변론할 원고를 준비했다. 그리고 여느 때와 마찬가지로 거울 앞에서 나 자신을 설득하는 연습을 했다.

피고인의 변호인은 국선변호인이었다. 마흔다섯 살 정도 되고 샤프해 보이진 않았다. 배심재판을 많이 안 해본 듯 조금 어설펐다. 마음속에서 이런 말이 들렸다. '오늘도 별일 없으면 유죄판결 받겠구나.'

그런데 증인신문에서 예감이 이상했다. 재판장이 "증인 나오세요." 하니 반짝이 옷에 하이힐을 신은 여성이 또각또각 소리를 내며 걸어 나왔다. 좀 과한 머리스타일에 귀걸이, 팔찌, 반지 등 많은 금붙이를 달고 있었다. 그래도 진술은 잘할 거라고 생각했다. 증인은 약간 거슬리는 목소리로 전혀 울지도 않고 그날 일을 기계처럼 진술했다. 그때까지도 걱정하지 않았다. 이러한 사건들에서 유죄를 선고한 많은 판례들이 있지 않은가.

원망스러운 눈초리로 증인을 보낸 후에 최후변론이 있겠다는 재판장의 말이 들렸다. 다시 정신을 가다듬고 자신 있게 배심원들 앞으로 걸어 나갔다. 준비한 원고를 단순히 외는 데 그치지 않고 배심원들과 눈을 마주치면서 설득력 있게 말했다. 증거에도 문제가 없고 기존 판례에 비추어도 유죄판결이 되어야 함을 강조했다. 그리고 징역 5년을 구형하고 자리에 앉았다.

내 구형을 들은 피고인은 바로 머리를 다리 사이에 넣은 채 흐느꼈다. 변호인은 접힌 흔적이 있는 서류를 든 채 배심원들 앞에 섰다. 대본을 다 못 외운 듯했다. 약간 떨리는 목소리로 배심원들과 대본을 번갈아 보면서 피고인을 변호하는데, 검사 입장에서 보기에 좀 딱한 풍경이다.

그런데 마음 한구석이 어딘지 모르게 찜찜했다. 내가 최후변론을 할 때 배심원들과 일일이 눈을 마주치긴 했는데 뭐랄까, 약간의 싸늘함? 거리감? 그런 것들이 존재함을 느꼈다.

피고인도 최후변론을 하는데 울면서 떨리는 목소리로 호소했다. 징역 5년형을 받는다면 지금 초등학생인 아들을 고등학생 때 보게 되는데 감당하기 어렵다고.

이제는 배심원의 평결과 재판장의 판결이 남았다. 조금 찜찜했으나 유죄판결이 날 것을 거의 확신하고 앉아 있었다. 그러나 배심원 전원이 무죄 의견을 내었고 재판장은 무죄를 선고했다. 정신이 몽롱했다.

법정에서 내 사무실까지 터벅터벅 걸어오면서 무수히 많은 생각이 머릿속을 채웠다. 특히 내 모습과 이 사건이 제3자의 관점에서는 어떻게 보였을지 생각했다.

'젊은 검사가 피해자 같지 않은 피해자를 내세우고 판례를 거론

하면서 징역 5년을 구형한다. 변호인은 말주변은 부족한 것 같아도 피고인을 위해 성심성의껏 변호한다. 피고인은 순간적인 자신의 잘못을 반성하고 눈물을 흘리며 가족들을 걱정한다.'

내가 배심원이라면 뭘 찾으려 했을까? 정의? 진실? 소송 기술?

책상 옆 벽에 걸린 거울 앞에 섰다. 내가 보인다. 이미 다 알고 있으면서 왜 그런 눈으로 보냐는 눈치다. 그렇다. 배심원은 '진심'을 바랐던 것이다. 누가 더 진정성이 있는가를 보았던 것이다. 난 그걸 놓치고 있었다.

"스킬만으로 진정성을 이길 수 없다."던 어느 선배의 말이 뇌리를 스치고 지나간다. 사건 하나에 인생 하나라고 했다. 인생, 아니 사람 일은 알 수가 없다. 사람 일은 판례로 일도양단 저울질이 불가능하다. 누구의 말처럼 야구는 9회 말이 끝나기 전까지 알 수 없다. 야구 전문가인 해설자들도 섣부른 예측을 했다가 후반에 머쓱해지기도 한다. 인생도 마찬가지다. 마지막이라고 생각한 순간에 새로운 삶이 시작되고, 희망에 가득 찬 시작이 오히려 비참한 최후가 될 수도 있다. 그 결과를 예측할 수 없는 것이다. 하루 종일 타인의 삶에 올라타 있는 나로서는 이 말이 뼈저리게 다가온다. '사람 일, 정말 몰라요.'

조용한 절망 속에 지나가는 청춘

2014년이었다. 내 나이 마흔둘. 내년이면 부부장을 달아주려나……. 검사 경력 14년 정도 되니 기록을 보는 데 이골이 났다. 지칠 때면 가끔 사법시험을 다시 보는 꿈을 꾼다. 악몽 그 자체다. 내일이면 사법시험인데 공부해놓은 게 없어서 가슴을 뜯으며 발버둥을 치다 깨는 꿈이다. 꿈속 상황도 코미디다. 준비 기간도 없이 시험을 치라니. 허공에서 누군가 말한다.

"네가 지금 검사이지만 18년 전에 본 시험이 잘못되었기 때문에 다시 봐야 해. 검사를 계속 하고 싶으면 시험을 다시 봐!"

"왜 저만 그래야 돼요? 다시 확인해줘요! 고생 고생하다 이제 겨우 부장 되려고 하는데 하필 이때에……."

다들 꿈을 꿔봐서 알겠지만, 이런 불합리한 상황에서 아무리 외쳐봐야 씨알도 안 먹힌다. 비현실적인 상황인 줄은 알지만 그 상황이 꿈이란 건 꿈에도 모른다. 이런 꿈을 꾸고 나면 정말 피곤하다. 그래도 제정신으로 돌아오면 가슴을 쓸어내리면서 남모를 안도감을 느낀다. 현실이 계속 유지되고 있다는 감사함이다. 내 잠재의식이 나에게 주기적으로 어떤 메시지를 보내는 것 같다는 생각도 든다.

'네가 힘들어하는 지금이 네가 과거에 그토록 간절히 원했던 순간이라고.'

사무실로 오는 지하철에서 어젯밤 꿈이 생각나서 창에 비친 나를 보고 웃는다. 그러고 보니 언제부턴가 양옆 머리카락이 희끗희끗하다.

사무실에 도착해보니 책상 위에 기록이 한 권 놓여 있다. 교통사고 사망 사건이 발생했다면서 지휘해달라는 기록이다. 기록을 들춰 보니 사진이 끔찍하다. 20대 후반의 젊은 여성이 오토바이를 타고 살고 있던 고시원으로 가다가 중앙선을 침범한 승용차에 치여 현장에서 사망한 사건이다. 피해자는 피투성이가 된 채 나동그라져 있고, 오토바이는 저만치에서 상처 가득한 모습으로 주인을 보고 있는 듯하다. 인도 위에는 한 젊은 여성이 정신이 멍한 모습으로 앉아 있다. 가해자다. 아이 둘을 둔 여자인데, 술을 잔뜩 마신 상태로 다른 술집으로 가다가 사고를 일으켰다.

기록 뒷면에 유족 진술이 편철되어 있다. 피해자의 언니가 진술했다. 피해자는 서울에 있는 여대 법학과를 졸업했다. 졸업 후 고시 공부를 할 형편이 되지 않아 변호사 사무실에서 사무원을 2년 정도 했다. 법조인에 대한 열망이 컸던 그녀는 과감히 사표를 던지고 신림동 고시원에서 사법시험을 준비했다. 사건 당일도 밤늦게까지 도서관에서 공부하다가 월세 30만 원의 고시원으로 돌아가던 중이었다.

시골에서 농사짓던 부모님은 혼절에 혼절을 거듭하느라 유족 진술할 겨를이 없어 언니가 가까스로 찢어지는 가슴을 달래며 진술한다.

"얼마 전 동생을 만났는데 힘든 와중에도 공부할 수 있다는 기쁨에 활짝 핀 얼굴을 봤다. 그런데 이런 허망한 사고라니……."

난 별로 망설일 것이 없었다. 피해자의 사체는 가족에게 바로 인도하고 가해자를 조사해 구속수사하라고 지휘했다. 아무리 과실이라지만 만취 상태로 중앙선을 침범하여 꿈을 위해 열심히 달리던 젊은이를 죽게 만들었으니 당연한 일이었다. 거기다 CCTV 사진이 제시되기 전까지 가해자는 오토바이가 중앙선을 침범해 일어난 사고이기 때문에 자신이 오히려 피해자라는 주장까지 했다.

그 사건이 곧 송치되어 나에게 배당될 것이라고 생각했다. 그런데 한 달이 지나도 소식이 없다. 담당 경찰관에게 전화해봤다. 가해자가 이 사고로 허리를 다쳤다면서 병원에 입원해서 조사를 못하고 있다고 한다. 조만간 퇴원할 것 같으니 그때 다시 연락 주겠다고 한다.

한 달을 기다렸는데 소식이 없어 경찰관에게 다시 전화했다.

"검사님, 그 피의자가 이번에는 요양원에 들어갔습니다. 아프다면서 시간을 벌어 구속을 면해보려고 하는 것 같습니다. 어떠할까요?"

"……제 생각에는 꾀병이 아닐까 싶습니다. 피해자 유족들도 가해자가 어떻게 처벌받는지 보고 있을 텐데 가만히 지켜보기만 하면 안 될 것 같아요. 불시에 그 요양원에 가서 가해자가 거기에서 실제로 치료받거나 요양하는지 탐문해보고 사진이라도 찍어서 기록에 붙이는 게 어떨까요?"

며칠 후 가해자에 대한 구속영장 신청 서류가 올라왔다. 기록을 보니 경찰관이 요양원에 찾아갔을 때 가해자는 그곳에 없었다. 그렇다고 집에 있는 것도 아니었단다. 밖에서 정상적으로 돌아다니고 있다는 뜻이었다. 기록에는 피해자 유족들이 제출한 서류가 가득 들어 있었다. 가해자는 그동안 한 번도 피해자 가족들에게 찾아가서 용서를 빌지 않았다. 유족들의 슬픔은 거센 원망으로 바뀌어 있었다.

가해자도 구속을 면하기 위해 자신이 두 아이를 부양해야 하고 피해자 유족을 위해 형편껏 돈을 공탁했다면서 선처를 구하는 서류를 제출했다. 그리고 허리를 다쳐 수형 생활이 불가능하다면서 진단서까지 끼워 넣었다.

최근의 법원 추세로 볼 때 교통사고 사망 사건이라도 가정이 있는 주부를 구속할 가능성은 크지 않았다. 게다가 일정 금액 공탁도 하고 아프다고 하고 있으니…….

'그렇다면 유족들은? 그들은 어디에서 위로받지?'라는 생각이 들었다. 고심 끝에 많이 활용하지 않는 제도를 활용해보기로 했다. 영장실질심사 때 피해자 유족이 참여하여 판사 앞에서 진술하도록 하면 판사가 판단하는 데 도움이 될 것 같았다.

피해자 가족에게 전화하여 그 사실을 알렸더니, 피해자의 언니가 나서며 자신이 꼭 법정에서 진술할 수 있게 해달라고 했다. 심사 당일 언니의 진술이 넓은 법정을 가득 채우며 울렸다.

"……어머니, 아버지는 동생이 저세상으로 간 후 매일 동생의 어린 시절 사진을 품에 안은 채 흐느끼십니다. 저도 동생이 너무 보고 싶습니다. 동생은 어려운 형편에도 내색 한번 하지 않고 항상 웃는 아이였습니다. 제 동생과 가족에게 단 한 번 위로의 말도 건네지 않은 피의자가 구속되지 않은 채 자유롭게 나다닌다면, 저희는 세상을 저주할 것 같습니다."

언니의 뺨 위로 굵은 눈물이 흐르고 있었지만 닦지 않았다. 진술이 끝났는데도 판사는 잠시 동안 절차를 시작하지 않았다. 먹먹한 기색이 역력했다. 눈물이 섞인 목소리여서인지 내가 이제까지 법정에서 들은 목소리 중 가장 또렷했다. 고개를 파묻고 있는 가해자의 마음 깊은 곳까지 울렸을 것이다. 구속영장은 바로 발부됐다.

구속영장에 집행지휘 도장을 찍고 바로 사무실을 나왔다. 어두운 검찰청 앞을 지나 지하철을 타러 가는 길 위에서 나의 고시생 시절을 떠올렸다. 그 시절, 가진 것 없고 미래가 불확실했지만 마음만은 언제나 희망에 부풀어 있었다. 언제나 내일이 오는 것이 기다려졌다. 젊음이란 그런 것이다. 그녀 역시 없는 것을 탓하기보다는 있는 것에 감사하는 마음으로 희망으로 가득 찬 내일을 위해 오토바이를 타고 고갯길을 오갔을 것이다.

갑자기 다리에 힘이 붙는다. 지하철 계단을 뛰어내려갔다. 인생을 가득 실은 지하철에 오르며 새삼 주위를 둘러보았다. 사람들은 창을 통해 희망과 절망을 동시에 그려내고 있었다. 창밖으로 지나는 어두운 풍경을 스크린 삼아 나의 젊은 시절을 그려본다.

연민과 공감과 용기

•
•
•

서울중앙지방검찰청에서 근무할 때다. 중학생인 아들이 부모님 직장 탐방을 해야 한다며 검사실을 방문한다고 했다. 오는 거야 상관없는데 뭘 보고 느끼게 해줄지 걱정이 됐다. 한 번의 방문으로 수사 절차를 전반적으로 보여주기도 어렵고, 조사받는 사람들을 보여주는 것도 어렵다. 그래서 검사실에서는 사진만 간단히 찍고 법원에 가서 실제 재판 장면을 보여주기로 했다. 마침 서울중앙지방법원에서 형사재판을 담당하는 대학 동문 판사가 있어서 방청할 만한 사건 재판을 추천해줄 것을 부탁했다. 그 판사는 고맙게도 아이들이 방청하기에 적절한 사건들이 있는 시간을 추천해주었고, 우리 가족은 그 시간에 방문했다.

아내와 아이 둘을 데리고 형사법정에 들어갔을 때 마침 재판이 진행되고 있었다. 우리 가족은 방청석의 뒤쪽에 자리했다. 그동안 형사법정에는 많이 왔지만 검사석이 아닌 방청석에 앉아보기는 처음이었다. 저쪽 검사석이 약간 낯설어 보였다.

우리가 자리에 앉은 지 얼마 되지 않아 새로운 구속사건이 시작됐다. 수감자들이 대기한 장소에서 수의를 입은 피고인 둘을 데리고 나오자 법정에서 갑자기 울음소리가 들리기 시작한다.

"아이고, 우리 아들……."

"여보…… 흑흑……."

검사와 변호인의 변론을 들어보니 변호사법 위반 사건이다. 피고인들이 경제 상황이 어려워지자 변호사나 할 수 있는 법률 사무를 대행해주고 돈을 받은 모양이다. 보아하니 모두 초범이고 자백하고 있을 뿐만 아니라 자신들이 받은 이익은 모두 원상회복 시켜준 것 같았다.

재판장은 증거조사를 간략히 하고 검사에게 의견을 개진하도록 하고, 변호인, 피고인들에게 최후변론을 하게 한다.

검사가 피고인들에게 징역 3년을 선고해달라고 구형하고 자리에 앉았다. 그러자 다시 법정 이곳저곳에서 울음이 터진다. 자세히 보니 피고인들의 노모 두 분이 모두 와 있는 것 같았다. 아들을 3년 동안 교도소에 둘 생각을 하니 가슴이 미어지는 것이리라.

변호인도 피고인들이 범행에 이르게 된 경위 등을 자세히 설명하며 선처를 구한다. 때로는 손으로 피고인의 어깨를 어루만지면서 안타까움을 표시했다. 그리고 피고인들의 최후변론이 이어졌다. 피고인들은 하나같이 눈물을 흘리며 진술한다.

"……사업 실패로 경제적으로 너무 어려워지다 보니 순간적인 유혹을 이기지 못했습니다. 구속된 후에 가슴 아파하는 가족들을 보면서 많이 반성했습니다. 한 번만 선처해주신다면 다시는 잘못을 되풀이하지 않겠습니다. 정말 잘못했습니다."

피고인들이 진술하는 동안 그 가족들, 특히 어머니들이 소리 내어 울었다. 어느새 나도 피고인들의 눈물 젖은 목소리에 집중하고 있었다. 그때 좀 전까지 멀리서 들리던 흐느끼는 소리가 내 곁에서 들리기 시작했다. '응? 이 근처에도 가족이 있나?' 생각하며 고개를 옆으로 돌려보았다.

음…… 내 가족이 울고 있다.

아내는 거의 통곡 직전이고 아들과 딸도 고개를 숙이고 숨죽여 울고 있다. 그 장면을 보는 내 눈에도 정체를 알 수 없는 물이 차오르기 시작했다. 눈앞이 뿌얘졌다. 순간 나까지 이러면 안 될 것 같다는 생각에 눈을 수차례 깜빡여서 눈물이 흘러내리는 것은 가까스로 막았다.

피고인들의 최후진술이 끝나자 재판장이 선고 기일을 지정하고 그날 재판을 마친다. 피고인들은 다시 교도관들에게 이끌려 수감 장소로 가면서 애타게 방청석을 두리번거린다. 부모, 가족을 찾는 것이다. 이내 어머니와 눈이 마주친 아들은 다시 눈물을 터뜨리고 소매로 눈물을 닦으며 퇴장한다. 그리고 문 안으로 들어가면서 다시 고개를 돌려 법정의 어머니를 바라본다.

그렇게 재판은 끝이 났다. 방청석에 우리 가족만 남을 때까지 아내는 눈물을 그칠 줄 몰랐다. 평소 드라마를 보면서 많이 울기는 했는데 법정에서 이렇게까지 울 줄은 몰랐다.

동문 판사의 배려에 법대 쪽을 배경으로 기념촬영을 했다. 판사는 아들에게 질문을 받고 이것저것 친절하게 대답해준다. 그런 판사에게서 배려와 따뜻함을 느꼈다.

아내는 법정을 나오면서 나에게 묻는다.

"아까 그분들 어떻게 될까요? 삼 년 동안 감방에 있어야 되는 건가요?"

"글쎄……. 판사님이 기록과 법정에서 나타난 여러 사실관계를 잘 종합해서 판단하시겠지. 초범이고 깊이 반성하고 있으니 선처될 가능성도 있고."

아들과 딸도 그게 궁금한가 보다.

"아빠, 착한 사람들 같던데……."

"그래……. 착한 사람들도 가끔 범죄를 저지르지. 나쁜 사람들만 범죄자가 되는 게 아니야."

검사로서 수사를 통해 기소한 많은 사건의 피의자들이 법정에서 약한 형을 선고받는 것을 보아왔다. 그럴 때마다 '검사, 경찰은 잡아넣는 악역을 하고 판사는 봐주는 선한 역을 한다.'고 불만을 가져왔던 것이 사실이다. 그런데 법정의 방청석에 있어보니 그런 느낌이 조금은 완화된 듯하다.

아내와 아이들이 법정에서 가졌던 감정은 분명 '연민'과 '공감'이었다. 타인이 느끼는 슬픈 감정을 공유한 것이다. 순간 나는 검사실을 방문한 피의자, 피해자, 각종 민원인들에게 얼마나 공감하는 마음을 가졌는지 생각해보았다.

전문가 집단인 판사, 검사, 변호사도 사건만 기계적으로 취급하는 것이 아니라 그 사건에 얽힌 사람을 보면서 감정을 느낄 것이다. 그럼에도 전문가로서 그러한 감정을 억누르는 것이 과연 직업적 미덕일까?

수사와 재판에는 절차와 매뉴얼이 있다. 전문가는 그것만 따른다면 업무를 제대로 못했다는 시비에서는 벗어날 수는 있다. 하지만 이는 기계적 일처리에 불과할 것이다. 그것으로 전문가들이 일에서 보람을 찾거나 자신의 가치를 발견하기는 어려울 것이다. 그저 무난한 법조 생활을 한 것으로 만족할 수밖에 없다.

결국은 사건 안에 있는 사람이 처한 여러 상황을 고려해야 하고, 그러려면 안타까운 마음, 보살펴주고 싶은 마음, 바른 길로 인도해주고 싶은 마음을 공들여 떠올려봐야 한다. 이러한 마음에 따르다 보면 때로는 업무 매뉴얼이나 관행을 벗어나기도 할 것이다.

업무 매뉴얼만을 따른다면 상사로부터 질책은 면하겠지만 보람이나 감동적인 스토리 하나 없는 삶이 될 것이다.

주위를 보면 타인의 행동에 공감하면서 그에게 정말 필요한 것이 무엇일지 찾아주려고 진심으로 노력하는 사람들이 있다. 그들에게는 공통적으로 발견되는 무엇인가가 있다. 공감한 것을 행동으로 옮겨 변화를 가져오는 그것, '용기'다.

법조인뿐만 아니라 다른 전문가들도 마찬가지 아닐까 싶다. 우선은 전문가에 걸맞은 최선의 기술을 가져야 하겠지만, 나와 타인의 삶을 가치 있게 변화시킬 수 있는 것은 공감과 용기임을 새삼 느낀다.

3_

나를 위한
최후변론

EXIT

열심히 일한 당신, 묵비권을 행사하라

공무원 사회든 일반 기업이든 열심히 일만 하고 자신의 몫을 잘 챙기지 못하는 사람들이 있다. 착하기만 하다 보니 알아서 챙기지 못한다. 아무 말 없이 묵묵히 일만 한다. 승진에서 누락되어도 그저 자신이 부족해서 그런 줄로만 아는 사람들이 있다. 그런 사람들은 남들에게 맞춰 사는 법이 없다. 그래서 잘 보지 않으면 그들 내면의 빛나는 숨결을 느낄 수 없다. 그들의 고결함은 밖에서 끄집어내주어야 한다. 그래야 비로소 세상이 그들의 가치를 알게 된다.

정 수사관과는 수도권의 한 검찰청에서 함께 일했다. 반년이 지나 내가 유학 가게 되면서 잠시 떨어졌고 복귀하면서 다시 같은 방에서 일하게 됐다. 너무나 호흡이 잘 맞았던 기억이 있기에 정 수사관과 다시 일하게 됐다는 소식을 들었을 때 정말 기뻤다. 정 수사관은 여전히 누가 봐도 비현실적인 모범생이었다.

다시 호흡을 맞춘 지 2개월 정도 지났을 때 인사부서에서 7급에서 6급으로 특별 승진할 만한 수사관을 추천해달라고 공고했다. 그 공고를 보자마자 우리 정 수사관은 마땅히 그 자격이 있다고 생각했다. 그래서 정 수사관에게 추천하겠다고 했더니 손을 가로저으며 막무가내로 막는다.

"검사님, 안 돼요. 저 승진한 지 3년밖에 안 됐고요, 열심히 한 다른 사람들 많아요. 저 자격 미달이에요."

"무슨 소리에요. 정 수사관님만큼 열심히 하는 사람이 어디 있다고요. 수사관님은 가만있어보세요, 제가 해볼 테니까요."

"……."

유학 가기 전 정 수사관과 함께 수사하던 때가 생각났다.

그때 정말 신나게 수사했었는데. 정 수사관은 어찌나 꼼꼼한지, 내가 이런 놈은 구속해야 된다며 사건을 주면 며칠이고 그 기록과 씨름을 한다. 피의자의 그간 행적을 기록해서 붙이고, 불러 조사하고, 왜 구속해야 하는지를 자세히 기록해서 사건 기록에 편철한다. 좀 대충 해서 주면 좋으련만 답답할 정도로 완성도를 높인다. 하지만 그 결과는 언제나 만족스러웠다. 구속영장을 청구하면 백퍼센트 발부된다. 신기했다. 심지어 구속영장 청구를 결재하는 백전노장 윗분들이 안 될 거라고 확신하는 사건까지 영장이 발부되었다.

왜 안 그렇겠는가. 피의자가 변명할 것까지 대비해서 기록을 만들어놓으니 판사가 영장을 발부하지 않을 수가 없다. 당시 검찰청 전체 구속영장 발부율이 50퍼센트밖에 되지 않았는데, 우리 방에서는 영장청구서를 넣었다 하면 발부되니 윗분들이 신기해했다.

한번은 구속하려고 공을 들여놓은 피의자가 출석하지 않았다. 체포영장을 발부받고 피의자의 휴대폰 위치를 추적하는 영장까지 받았다. 정 수사관은 밤늦게까지 피의자의 위치를 체크하더니 잠시 다녀오겠다고 한다. 비도 오고 밤도 늦었으니 다음에 나가라고 해도, 지금 피의자가 집 근처에 있는 것 같으니 다녀오겠다면서 나간다. 잠시 후에 전화가 왔다.

"검사님, 집 근처를 다섯 바퀴 돌았는데 피의자가 잘 안 보입니다. 집에는 아직 안 들어간 것 같고요. 조금만 더 돌아보고 들어가겠습니다."

"수사관님, 비도 오고 하는데 그냥 들어오세요. 지명수배 해놓으면 언젠가 잡혀 들어오겠죠. 너무 무리하지 마세요."

"그래도 한 바퀴만 더 돌고 들어가겠습니다."

한 시간 정도 지났을까. 정 수사관이 문을 열고 들어오는데 혼자가 아니다. 그 피의자를 수갑 채워 들어온다. 비에 쫄딱 젖은 채로.

"아이고, 수사관님……."

"집 저편에 차를 세워두고 그 안에 있던데요. 하하."

정 수사관을 특별승진자로 추천한 후 일주일 정도 지났을 때 인사부서에서 공문이 왔다. 특별승진 시켜줄 만한 이유를 적어 내라는 것이다. 정 수사관한테 적어보라고 했더니 정말이지 대충 간략하게 적는다.

"정 수사관님, 이렇게 해서 되겠어요? 재작년에 저랑 했던 거를 다 적으세요. 아니다. 그냥 파일 주세요. 제가 적어볼게요."

솔직히 한 번도 그런 서류를 작성해본 적이 없어서 어떻게 써야 잘 쓰는 것인지 몰랐다. 그래도 내가 정 수사관과 함께 한 일들을 가감 없이 적고 나의 느낌을 솔직히 적는다면 통할 것으로 믿었다. 다른 건 몰라도 진심은 언제나 통하는 법이니까.

그 서류의 일부분에 이렇게 썼다. '모든 면에서 검찰 수사관으로서 최고의 수사 실력과 성실성을 갖추고 있으며 검사뿐만 아니라 동료 선후배 수사관들로부터 인정받고 있어, 정 수사관이 특별승진된다면 그 결과를 당연하게 여기고 귀감으로 삼음으로써 수사관들의 사기 진작에 크게 도움이 될 것임.'

참! 정 수사관은 술도 잘 마시지 않았다. 알고 보니 어머니가 얼마 전부터 중증치매에 걸리셔서 집 근처 요양원에 모시고 있는데 퇴근하면서 항상 들른다는 것이다. 게다가 결혼을 늦게 해 아이들이 어린데 아빠가 술 마시고 들어가면 놀아줄 수 없어서 자제한다고 했다. 그럼에도 힘든 내색 않고 묵묵히 일에 전념하는 모습에 나도 모르게 그를 진실로 존경하는 마음이 생겼던 모양이다. 정 수사관이 정말 잘되길 빌었다.

그로부터 한 달 후 수사관들에 대한 인사 발표가 났다. 우리 정 수사관이 특별승진자 명단에 떡하니 있었다. 앞뒤 볼 것도 없이 정 수사관과 검사실 한가운데서 포옹했다. 내가 승진한 것보다 더 신났다. 정 수사관은 믿기지 않는다는 표정이었다.

"큰일 났네요. 동기들 볼 면목이 없네요. 그나저나 승진하면서 저쪽 먼 검찰청에서 잠시 근무해야 되는데, 가족들이 걱정이네요……."

정 수사관은 가족 걱정이 우선이다.

"수사관님, 다른 걱정은 하지 말고 오늘은 그냥 좋아하자고요. 빨리 사모님께 전화 드리세요. 가족들이 얼마나 좋아하시겠어요."

진짜 인연, 소중한 인연은 멀리 있는 것 같지 않다. 나와 같은 직장에서 같이 하루를 보내는 동료들을 바라보자. 어쩜 그들이 내 진짜 인연인지 모른다. 그들에게 진심 어린 응원을 보내자. 그 응원이 그들의 삶을 긍정적으로 변화시킬 것이고, 모르긴 몰라도 언젠가 내 삶을 변화시킬 응원이 될 수도 있을 것이다.

오늘 당신도 묵묵히 자기 일을 해나가는 사람들과 하루를 보내고 있을 것이다. 정 수사관 같은 사람들이 나에게만 보일 리가 없다. 사람은 사랑의 눈으로 봐야 사랑스럽다. 그러려면 다른 사람을 평가하는 기준을 좀 낮추어야 하고, 진심을 들여다보려고 노력해야 한다.

형사소송법상 피의자의 권리가 있다. 묵비권을 행사한다고 불이익을 받지 않는다는 것이다. 오늘 하루 묵묵히 맡은 일을 해내면서 자신을 내세우지 않는 당신에게 이렇게 말하고 싶다.

"그대, 오늘만큼은 인정받고 행복할 권리가 있습니다!"

지친 삶에 울린 경적

금요일 밤 자정을 넘겨서까지 사건을 처리하고 집으로 갔다. 토요일 아침, 늦잠을 자려다 정신이 번쩍 든다. '아 참! 오늘 당직이지.' 옷을 주섬주섬 입고 집을 나서려는데 아내와 아이들의 표정이 좋지 않다. 이를 어째. 오늘 놀이공원에 가기로 했는데 당직인지 뭔지 때문에 약속을 못 지키게 됐다. 집에서 혼자 아이들과 힘겹게 씨름할 아내에게 미안했다.

마음이 좋지 않은 상태로 검사실에 앉아 있는데 민원실에서 전화가 왔다. 당연히 경찰이 신청한 구속영장, 압수영장 신청 서류를 가지고 올라온다는 전화로 생각했다. 아니면 관내 어디에 살인 사건이 나서 직접 검시를 가야 하는 일이 발생했거나. 그런데 학부모와 중학생이 검사와 면담하고 싶다면서 찾아왔다고 한다. '엥? 중학생이? 뭔 사고를 치고 왔나?'라는 생각이 들었다.

"왜 검사와 면담을 하고 싶다고 하나요?"

"학교에서 수행평가 과제로 장래 희망 직업과 관련된 사람을 인터뷰하라고 했답니다."

"……그럼 올려보내주세요."

검사실 문이 열리는데 누가 봐도 똑 닮은 두 사람이 들어온다. 아마 남들도 나와 우리 아들을 이런 시선으로 보겠구나, 라는 생각이 들었다. 두 사람을 소파에 앉게 하고 시원한 음료수를 대접했다.

아들은 좀 수줍어서 입을 못 열고 있는데 아버지가 먼저 말을 꺼낸다. 아이의 장래 희망이 검사인데 수행평가 때문에 인터뷰하러 왔다면서 아들의 머리를 쓰다듬는다. 그 모습이 너무 좋아 보인다. 나도 저만 할 때 아버지가 머리를 쓰다듬어주면 기분이 좋았던 생각이 났다.

"그래, 정훈 학생은 왜 검사가 되고 싶어?"

"텔레비전이나 영화를 보면 검사가 멋진 직업인 것 같아요. 저도 나쁜 사람들 혼내주는 일을 하고 싶어요."

"그렇구나. 근데 나쁜 사람들 혼내주는 것이 중요하긴 한데, 억울한 사람들의 말도 잘 들어주고 도와줄 수 있어야 돼."

"예. 근데 어떻게 검사가 되셨어요?"

"응. 나는 법학과 들어가서 사법시험을 봤어. 근데 정훈이가 대학에 들어갈 때쯤이면 법학전문대학원을 졸업해야 법조인이 될 수 있어."

말문이 트이자 아이는 끝도 없이 질문을 해댄다. 신기하면서도 신나는 모양이다. 최대한 중학생 눈높이에 맞추어 대답을 해주는데 어느덧 한 시간이 흘러갔다. 그 옆에서 아버지는 흐뭇한 미소를 짓고 있다.

"검사님, 제가 법학전문대학원을 졸업한 후 검사가 돼서 다시 찾아오겠습니다."

"그래, 정훈아, 우리 꼭 다시 만나자."

그리고 정훈이와 나는 수행평가 입증을 위해 다정히 사진을 찍었다. 정훈이와 그 아버지는 연신 감사하다면서 두 손을 꼭 잡고 검사실을 나선다. 그 뒷모습이 마냥 부럽고 내 어린 시절도 생각나게 한다.

그러다 '우리 아이에게 나는 어떤 아빠인가?'라는 생각이 들었다. 직장에 매여 모두 잠든 후에 퇴근하는 그런 모습 외에 어떤 아빠로 기억되고 있는가? 우리 아이가 자신의 장래 직업 탐방을 위해 휴일에 검사를 만나러 가자고 할 때 과감히 손을 잡고 나설 것인지 의문이 들었다. '나는 가족을 위해 온전히 현재에 사는가? 아니면 나만을 위한 미래에 사는가?'

갑자기 나의 삶을 뒤돌아보게 만들어준 정훈이 아버지에게 진한 감사의 마음이 느껴졌다. 나는 검사 시절 내내 나와 가족에게 중요한 그 수많은 '오늘 하루'를 그냥 떠나보내고 살았다. 미래에 뭐가 되는 것이 중요한 것이 아니라 발을 디디고 있는 오늘을 가치 있게 보내야 한다는 진리를 잊고 살았다. 나와 연결되어 있는 소중한 가족을 위해 할 일을 미루고 있는 내 모습이 보였다. 마음 깊은 곳에서 경고음이 들려왔다.

"정신 차려, 이 친구야! 그리고 오늘을 위해 조금 더 힘을 내!"

한 달 정도 지나 정훈이로부터 손편지가 왔다. 휴일인데 면담에 응해주셔서 감사했고, 그 덕에 수행평가에서 최고 점수를 받았다는 내용이었다. 그리고 검사가 되어서 나를 다시 찾아오겠다고 했다. 참으로 감사했다. 그 편지를 받고 내 하루는 특별한 하루가 됐다. 누군가의 마음에 씨앗을 뿌리고 싹을 틔우는 일의 기쁨도 알게 됐다. 얼마 후에 정훈이에게 다음과 같이 답장을 해줬다.

정훈이에게

무더운 여름 잘 보냈는지 궁금하네. 그리고 아버님도 안녕하시지? 더운 여름에 정훈이가 아버님과 함께 손잡고 들어오던 모습이 눈에 선하네.

사실 검찰청에는 처리해야 할 사건들이 꽤 많은 편이야. 검사라는 직업이 외부에서 볼 때는 화려하고 멋있어 보이지만, 그 내면을 들여다보면 참 바쁘고 그리 화려하지만은 않은 것 같아.

하지만 우리 검찰청 사람들은 남다른 책임감과 성실성을 가지고 있어서 시간외근무를 하면서도 사건 하나하나에 정성을 다하고 긍지를 느끼면서 살아가고 있어. 외부적인 화려함을 갖추기 위해서는 내부적으로 뼈를 깎는 노력을 해야 되지. 백조가 물밖에서 볼 때는 유유자적하지만 물밑에서는 바쁘게 발을 움직이는 것처럼 말이야.

검찰청뿐만 아니라 다른 공무원이나 회사 사람들도 크게 다르지 않을 거야. 나라나 회사가 발전하면서 계속 살아나가려면 그 안의 구성원들이 어떤 사고를 가지고 있는지가 중요하다고 생각해. 같은 노력을 투입하고도 어느 곳에선 좋은 결과를 내고 어느 곳에선 그렇지 못한 경우를 많이 보거든. 그것은 일을 하는 사람들이 얼마나 정신을 집중하는지의 차이일 거야. 스포츠에서도 정신력이 관건이라고 하잖아.

지난번에 정훈이가 아버님과 함께 검사실을 다녀간 것은 나한테도 색다른 경험이었어. 사실 정훈이가 조금 부럽기도 하더라. 휴일에 아들이 검사를 만나고 싶어한다고 선뜻 나서주는 아버지는 그리 많지 않을 거야. 아버지가 정훈이를 얼마나 사랑하고 아끼는지를 알 수 있었어. 든든한 아버지를 믿고 항상 그렇게 적극적으로 세상을 산다면 만족스럽고 풍족한 삶을 살 수 있을 거야.

내가 좀 더 많은 시간을 가지고 검사 업무에 대해 설명하고 정훈이의 장래 고민에 대해 상담해주었으면 좋았을 것을 하는 아쉬움도 있어. 다행히 정훈이의 수행평가 점수가 좋게 나왔다니 나도 기뻐. 수행평가를 단순히 숙제로만 생각하지 않고 장래에 대해 진지하게 고민하는 기회로 삼는 정훈이가 대견스럽기도 해.

정훈이가 마지막에 쓴 글처럼 '검사가 되어서 꼭 찾아뵙겠습니다.'라는 약속을 지켰으면 좋겠다. 정훈이가 검사가 되면 내가 부장검사나 차장검사가 되어 있겠구나. 그때가 되면 내가 검사 업무를 좀 더 잘 가르쳐줄 수 있을 것 같네.

내가 항상 답장을 바로바로 한다는 보장은 없지만, 정훈이가 더 궁금한 것이 있거나 학교생활을 하면서 풀리지 않는 고민들이 있다면 언제든지 편지를 해줘. 이메일도 괜찮고.

그리고 학교와 가정에서 항상 즐길 수 있는 사람이 되었으면 좋겠다. 공부도 좋지만 가족들과 추억도 많이 만들기 바라. 커보니까 지난 일들에서 아쉬움을 느끼는데, 대부분은 소중한 사람들과의 시간을 그때 제대로 즐기지 못했기 때문인 것 같아.

그럼 이만 줄일게. 항상 건강하고 행복한 사람이 되기를 빌어.

행복을 위해 뛰는 검사가

용기 한 스푼,
노력 한 스푼

대학교 4학년 졸업을 앞두고 오랜만에 집에 왔다. 사법시험 1차에서 보기 좋게 떨어지고 절치부심하고 있을 때였다. 집안 사정도 계속 어려워지고 있어서 부모님 뵐 면목도 없었다. 집에 들어서는데 부모님의 친구 내외가 와 계셨다. 함께 식사를 하는데 그 아저씨께서 한 말씀 하신다.

"종오야, 고시 공부 그거 어려운 건데 군대 갔다 와서 취직하는 게 낫지 않을까? 어차피 그 학교에서는 일 년에 몇 명씩밖에 안 되지 않냐."

"……."

"어렸을 때는 꿈이 군인이라고 했던 거 같은데 왜 대학 가면서 검사가 되는 걸로 바뀐 거지?"

"……."

난 그 말에 어떻게 대답할지 몰라 밥 먹는 내내 가만히 있었다. 그분들 입장에서야 우리 집안 형편을 알기에 현실적으로 도움이 되라고 하신 말씀이었을 것이다. 옆의 아주머니가 아저씨께 눈치를 주어서 다행히 그 정도로 질문은 끝났다. 하지만 시험에 떨어져 상처 입은 나의 자존심은 끝이 보이지 않을 정도로 밑바닥으로 추락했다. 그리고 무엇보다도 나 자신을 추스르기 위해서는 왜 내가 검사가 되려고 하는지를 명확히 해야 했다. 내 꿈에 대해 나 자신도 설득하지 못하는데 누구를 설득할 수 있겠는가.

지금이야 매스컴에서 검사를 다양한 모습으로 그려내고 있고 그 중에는 부정적인 것도 많지만, 당시만 해도 검사는 정말 '정의의 상징'으로 여겨졌다. 마음만 먹으면 어떤 것도 바꾸어놓을 수 있을 것만 같은 힘이 느껴졌다.

내가 검사가 되기로 마음먹은 결정적인 계기가 있다. 법대 고시부에 검사 선배님이 오셔서 특강을 한 적이 있다. 그분은 수사나 공판에 있어 검사의 역할도 알려주었지만 무엇보다도 마음먹기에 따라 사람을 긍정적으로 변화시킬 수 있다는 것이 보람되다고 말씀하셨다. 그리고 사람의 마음을 녹이고 위로하는 것은 따뜻함이라면서 냉철함보다 따뜻함을 강조하셨다.

그 검사 선배의 말을 다시 되새겼다. 내 삶을 변화시키고 사람들의 삶도 변화시킬 수 있는 멋진 직업. 사람들의 마음에 따뜻함을 심어줄 수 있는 그런 직업. 난 그런 직업인 검사를 선택했다. 이제 난 그저 꿈속에 사는 사람이 아니라 꿈을 명확히 그려내는 사람이 되기로 했다.

공부하는 책상 오른편에 나만의 계획을 쓴 수첩을 놓아두곤 했는데, 거기다 나의 꿈과 비전을 적어 하루에도 몇 번씩 읽어보았고, 밤이면 법대 옥상에 올라가 서울의 야경과 하늘을 보면서 꿈을 이룬 나의 모습을 수없이 그렸다. 아무것도 없는 빈털터리 청춘의 도전이지만 내 안의 열정을 끌어낸다면 이루지 못할 것이 없어 보였다.

지금 돌이켜보면 당시 집안 형편이 좋지 않았고 군 복무 문제도 있어 자칫 중도에 포기할 수도 있었다. 그러나 그런 여건을 핑계로 절망하고 주저앉는 대신 그것을 추진제로 삼아 멀리 도약할 수 있었다. 바로 지금이 아니라면 다시는 공부할 수 없다는 생각이 배수진이 되어 온갖 유혹을 물리치고 앞으로 나아갈 수 있었다. 결국 절망하지 않고 용기 있게 나아간 결과가 현재의 내 모습이 된 것이다.

검사실에서의 모든 사건 처리가 용기와 노력을 필요로 한다. 하지만 검사실 밖에서도 그에 못지 않은 용기와 노력이 필요했던 적이 있다. 누구나 그런 기억이 하나둘씩 있을 것이다. 뒤돌아보면

'내가 그때 그걸 어떻게 해냈을까?' 하는 그런 기억들 말이다.

2011년 미국으로 국외 훈련을 떠났다. 검사 경력 5년 이상이 되면 토플 등 외국어 능력과 근무 평가를 종합하여 국외 훈련 갈 검사들이 선발된다. 선발되면 파견될 국가가 정해지고 그곳에서 교육받는 동안 써야 될 논문 주제가 주어진다. 미국 캘리포니아 지역 대학교를 배정받는 동시에 '미국의 종국적 고소 사건 처리 시스템 연구'라는 논문 주제를 부여받았다. 우리나라는 고소제도로 인해 검사들이 격무에 시달리고 있음에도 고소 사건이 기소되는 비율이 20퍼센트가 되지 않아 비효율적인 제도로 평가받는다. 한마디로 민사사건을 형사 절차로 해결하려는 경향이 강한 것이다. 미국 검찰은 고소 사건으로 인한 업무가 과중한 것 같지 않은데 그 비결이 뭔지 연구해오라는 것이었다.

나는 정말 미국에 우리나라 고소제도와 유사한 제도가 있는 줄만 알았다. 그런데 도착하고 며칠 후에 한국과 미국의 법조인들이 모인 콘퍼런스에서 만난 한국계 미국 검사로부터 미국에는 그런 제도가 없다는 말을 들었다. 다른 주제를 찾는 것이 좋겠다는 조언과 함께. 좀 황당하기도 하여 다른 미국 변호사에게 물어보니 자기들은 그런 제도가 있는지 모르며 그런 형사 절차를 이용해본 적이 없다고 한다.

더 늦기 전에 주제를 바꾸어야겠다는 생각에 한국의 관계 부서에 문의하니 그 절차를 대답해준다. 그런데 그 절차가 법을 바꾸는 것보다 어렵게 느껴졌다. 이거 큰 낭패다 싶었다. 며칠을 곰곰이 생각하다가 결정을 내렸다. 미국에 우리나라와 같은 고소제도가 없다면 없는 이유가 뭔지, 미국 국민들은 왜 그런 제도가 없어도 불만을 제기하거나 불편을 호소하지 않는지 등을 연구하기로 마음먹었다. 그것만으로도 상당한 의미가 있다고 생각됐다.

먼저 주변 검찰청의 홈페이지에 들어가 고소제도라고 볼 만한 제도가 있는지 살펴봤다. 그리고 콘퍼런스를 계기로 알게 된 미국 변호사를 인터뷰하여 검사와 경찰이 범죄 신고에 대처하는 절차를 알아봤다.

개략적인 것은 파악했는데 검찰청을 직접 방문해서 검사와 인터뷰하고 검찰청 견학도 하고 싶었다. 영어 실력이 뛰어난 것도 아니어서 좀 망설여졌지만, 내가 알고 싶은 것을 잘 정리해 가면 대화가 될 것 같았다. 며칠 망설이다가 미국 변호사에게 인터뷰와 견학이 필요하니 아는 검사를 소개해달라고 부탁했다. 그 변호사는 흔쾌히 카운티 검찰청의 친분 있는 검사에게 이메일을 보내더니 세팅이 됐다면서 가보라고 했다.

알고 싶은 것을 이것저것 영어로 준비해서 떨리는 마음으로 검찰청에 갔다. 친절하게도 그 검사는 한 시간가량 인터뷰에 응해주었을 뿐만 아니라 검찰청 이곳저곳을 데리고 다니면서 직원들을 소개해주고 절차를 설명해줬다. 이제 완전히 감을 잡은 것 같은 느낌이 왔다.

미국은 검찰청마다 약간씩 다른 제도를 운영하는데 고소 비슷한 제도를 가진 곳도 있었다. 미국 법무부와 주州 검찰청의 사이트, 여러 카운티의 사이트들을 검색하고 각 대학교의 논문들을 출력하여 검토했다. 몇 달간 그 작업을 하니 미국 형사제도와 절차를 잘 이해하게 되었고 미국의 법학 책이나 논문을 읽는 데 익숙해졌다. 그리고 가장 다행인 것은 미국에서 운영되는 고소제도와 유사한 제도, 형사조정제도 등을 잘 정리할 수 있게 됐다는 점이다.

결과적으로 내 논문은 좋은 평가를 받고 『국외훈련검사논문집』에 실렸을 뿐 아니라 여러 검사들 앞에서 미국 제도와 한국 제도를 비교하는 발표까지 하게 됐다.

내가 미국에 고소제도가 없다는 말을 듣고 그 연구를 포기했다면 어떻게 되었을까? 또는 다른 쉬운 주제로 바꾸었다면 어떻게 되었을까? 누군가는 또 미국의 고소제도를 연구하느라 시간과 에너지를 낭비했을 것이다. 그리고 여전히 미국의 고소제도는 이러저러하다는 논쟁을 했을 수도 있다. '할 수 없다'는 생각보다는 '할 수 있다'는 생각으로 내 자신에게 용기를 불어넣고 주변의 자원을 최대한 이용하다 보니 좋은 결과가 나올 수 있었던 것이다. 인생의 어느 순간에는 큰 용기보다는 작은 용기로 한 걸음 내딛는 게 필요하다. 그것이 의외의 좋은 결과로 이어지는 경우가 많다.

난 언제부턴가 인생을 커피에 비유하기 시작했다. 예전에는 달고 진한 믹스커피를 좋아했다. 한동안 그 맛에 길들여져서 새로운 커피가 나왔음에도 그 믹스커피를 고집했다. 그런데 어느 순간 사람의 입맛이 바뀌기 시작했다. 단맛보다 커피 자체의 맛을 즐기고, 입맛뿐 아니라 그 향을 좋아하게 되었다.

인생도 마찬가지다. 예전에는 입에 착 달라붙는 달달하고 진한 인생을 즐겼다. 이젠 좀 바뀐 것 같다. 인생이라는 커피는 아주 진한 것도 아주 약한 것도 아니고, 그저 용기 한 스푼과 노력 한 스푼이면 아주 살맛 나는 향기를 낸다.

어제와 다른 것 없는 오늘

•

•

•

오늘은 아침부터 사무실이 소란스럽다. 수사관 둘이 모두 고소 사건 수사에 매달리고 있다. 대질을 하다 보니 각자 주장을 내세우느라 시끄러워진다. 모두들 왜 내 말을 더 믿어주지 않느냐고 불평이다. 어제 조사가 끝난 사건들을 검토하면서 결정문을 써보려던 내 계획은 그냥 계획에 그치게 생겼다.

소란스러운 와중에도 정신을 차리고 중심을 잡아보려는 찰나 검사실 문이 열린다. 점잖은 종교인 한 분이 들어오신다. 상당한 도력이 있으신지 뒤에서 아우라가 비치는 것만 같다. 그 종교인은 같은 종파의 다른 종교인을 고소했는데, 왜 피고소인을 빨리 조사해서 처벌하지 않느냐고 항의차 방문한 것이다. 내가 직접 그분 앞에서 사안 설명을 해주고 이해를 구했다. 그래도 막무가내다. 저쪽이 죄를 저지른 것이 분명한데 왜 검찰이 구속수사를 하지 않느냐면서 큰 소리를 낸다. 종교는 종교이고 속세는 속세인가 보다.

오늘 완전 날 잡았다. 오후에 한 수사관이 명예훼손이라면서 다투고 있는 큰 종파의 종교인들을 불러 대질조사를 했다. 이번에는 욕설이 난무한다. 내가 나서서 진정을 시켜도 잠시뿐, 다시 상대편에게 삿대질하며 욕을 한다. 그 눈을 보면 상대를 죽이고 싶어 하는 것만 같다. 양쪽에게 시간이 늦었으니 저녁을 먹고 다시 시작하자고 했다. 잠시 후 복도에서 큰 소리가 나더니 '꿍꿍 쾅쾅' 심하게 구르고 뛰는 소리가 난다. 뭔가 큰일이 났나 싶었다.

잠시 후 저녁 먹으러 나간 종교인들이 다시 씩씩대면서 들어온다. 말을 들어보니, 하필이면 양측이 화장실에서 마주치는 바람에 그곳에서 다시 설전이 있었다고 한다. 한쪽에서 주먹을 들어 "이걸 확!"이라고 하니, 상대방이 "때려봐, 때려봐!" 하면서 얼굴을 들이밀었다. 그러자 손으로 얼굴을 밀고 침을 뱉은 것이다.

"너 이 자식, 이리 와! 날 때려? 너 현행범이야. 검사한테 가자!"

"내가 왜 가! 이 자식이 미쳤나? 에라, 지옥에나 가라!"

당한 쪽이 상대편을 힘으로 질질 끌고 검사실로 들어온다.

"검사님! 이 자식이 방금 내 얼굴에 침을 뱉고 때렸습니다. 조사해주세요!"

"……."

얼굴을 보니 침인지 땀인지 물기가 흥건하다.

"선생님, 저희가 그걸 지금 수사할 수는 없을 것 같습니다. 억울하신 점이 있으면 고소장을 제출하는 게 좋을 듯합니다."

"그럼 제가 고소장을 낼 테니 검사님이나 수사관님이 증인 좀 서 주십시오."

"……."

예순이 넘은 종교인들은 사건을 극단으로 몰고 간다. 이런 날은 정말 어디로든 훌쩍 여행을 떠나고 싶다. 어제와 오늘이 다르면 좋으련만, 언제나 미로 속에서 끝도 없이 길을 헤매는 것만 같다.

열려 있는 캐비닛을 보니 절로 한숨이 난다. 지독히 얽힌 사건 수십 건이 '여기서 빨리 나가게 해주세요.' 하듯 나를 쳐다보고 있다. 어제 배당받은 20박스짜리 사건도 기약 없이 쌓여 있다.

다행인지 불행인지 내일부터 5박 6일간 미국 출장이다. 미국 법조인과 한국 법조인들이 모여 콘퍼런스를 갖는데, 나는 한국의 고소제도에 대해 발표하기로 되어 있다. 한국의 고소제도는 전 세계적으로도 정말 독특하다. 미국은 고소제도라고 볼 만한 제도가 없고, 일본은 고소장을 내도 수사할지 어떨지는 검사의 재량에 속한다. 우리처럼 검사가 모든 고소 사건을 수사해 수개월 내에 수사 결과를 내놔야 하고, 고소인은 불기소처분에 불복해 항고, 재정신청을 할 수 있는 나라는 없다고 보면 된다.

한국의 고소제도를 설명하는 짧은 논문은 저널에 실을 수 있도록 미리 이메일로 보내놓았으나 현장에서 발표할 파워포인트 자료를 미처 준비하지 못했다. 결국 출발 당일까지 완성하지 못해 비행기에서, 그리고 미국 도착 후 호텔에서 마저 준비하기로 했다.

5박 6일 다녀와도 캐비닛 속 사건들은 여전히 그 자리에 있을 것이라고 생각하니 뒷머리가 무거웠다. 하지만 콘퍼런스가 열리는 캘리포니아 어바인은 가족과 함께 1년 동안 유학 생활을 한 곳이라, 추억의 장소를 오랜만에 가본다는 생각에 가슴이 두근거렸다.

비행기에 탑승하여 창가 쪽에 자리를 잡았다. 비행기가 떠서 구름 위로 올라가고, 멀리 바다가 보이고 우리나라 육지가 보이더니 어느새 멀어진다. 아까까지만 해도 처리 시한에 몰린 사건들이 머릿속을 온통 차지하고 있었는데, 사건이 들어 있는 캐비닛과 멀어질수록 그것들이 나를 더 이상 지배할 수 없다는 자유로움이 느껴진다. 사람살이로부터 오는 근심이라는 것이 이런 것인가 싶다.

비행기에서 발표 자료 작업을 했는데도 다 끝내지 못했다. 호텔 체크인 후에도 바깥의 싱그러운 날씨를 즐기지 못하고 발표 자료를 준비하고 실전 연습까지 했다. 그리 유창하지 않은 영어로 저들에게 생소한 우리 제도를 소개하는 게 만만치 않았다. 준비를 완벽하게 하자면 끝이 없을 것 같았다. 그냥 내 마음의 짐을 덜고 스스로를 편안하게 해주는 것이 언제나 더 좋은 결과를 가져왔다는 사실을 떠올렸다.

주말인데도 발표장에는 꽤 많은 사람들이 왔다. 미국 판사, 검사, 변호사, 한국계 미국 법조인들, 한국 변호사회와 로펌에서 온 변호사 등 2백여 명이 자리를 꽉 채우고 있었다. 솔직히 어떻게 발표했는지 잘 모를 정도로 정신없이 시간을 보냈다. 마지막 슬라이드에는 고소 사건 더미에 파묻혀 카메라를 애처롭게 응시하고 있는 내 사진을 넣어놓고 '고소 사건의 현실'이라고 써두었다. 장내가 온통 웃음으로 가득했다.

쉬는 시간에 차를 마시고 있는데 미국 변호사가 다가오더니 명함을 주면서 자신을 소개한다. 그리고 자기가 사기 사건을 검찰청에 수사 의뢰했는데 5년이 다 되어도 수사 시작조차 하지 않고 있다면서 한국의 고소제도가 부럽다고 했다. 나는 동의하면서도 고소 사건을 수사하고 처리해야 하는 수사기관은 정말 힘들다고 했다. 그리고 한국 검사들의 업무량, 새벽까지 근무하는 상황들에 대해서 얘기해주었더니 크게 놀란다. 나를 바라보는 눈길이 대견하다는 것인지 불쌍하다는 것인지 좀 애매했다.

여하튼 무사히 발표를 끝내고 약간의 자유 시간을 가졌다. 자동차를 운전해서 몇 년 전에 가족과 살았던 동네와 슈퍼마켓을 돌아다녔다. 사실 가족들과의 추억이 떠올라 행복감을 느낄 거라고 기대했다. 그런데 살던 아파트를 밖에서 보자니 뭐랄까, 서글프고 애잔한 느낌만 든다. 어차피 반겨줄 사람이 없는 줄 알았지만, 가족들 없이 나 혼자 있는 느낌이란 이런 것인가 싶었다. 가족과 함께 있을 때의 그 활기찬 도시가 아니었다.

몇 년 전 인기 있었던 드라마 「응답하라 1988」의 끝 부분에 성인이 된 여주인공이 자신이 살던 동네를 찾아가는 장면이 나온다. 철거 직전 아무도 없는 집 안에서 어렸을 적 북적대며 살던 장면들이 떠올라 그 자리에 주저앉으며 우는 장면. 아마도 내 마음이 그런 것이었나 보다. 빨리 아내와 아이들이 기다리는 곳으로 돌아가고 싶었다. 물론 사건들이 우글대는 것은 싫지만, 가족들이 없는 곳에서는 더 이상 있기 싫었다.

5박 6일의 출장을 마치고 아침 일찍 다시 사무실 자리에 앉았다. 아무도 없는 조용한 아침이다. 그런데 마치 처음 앉는 자리처럼 낯설다. 며칠간 자리를 비웠다고 이런 느낌이 들다니. 그 이유를 생각해봤다. 무언가로부터 공간적, 시간적 거리를 두게 되면 마음속에 어떤 빈자리가 생기는 것 같다. 그것은 '새로움'일 수도 있고 '여유'일 수도 있고 '너그러움'일 수도 있다.

캐비닛을 모두 열고 몇 발짝 거리를 두고 바라본다. 며칠 만에 보는 것인데도 새로움이 느껴진다. 막 만져보고 싶고 말도 걸어보고 싶다. '공간과 시간'의 거리를 느끼고 오니 세상사 별거 아닌 것 같은 생각도 든다. 상대편이 나쁘게 되었으면 하는 마음도 그냥

'시간과 공간'에서 떠돌다 흔적 없이 사라지는 바람처럼 허상이라는 것을 느낀다. 우리가 실체 없는 것에 모든 것을 걸고 있는 것은 아닐지.

실무관이 출근하면서 나를 보더니 한마디 한다.

"검사님, 오늘은 좀 달라 보이시는데요."

"그래요? 오늘은 어제와 좀 달리 살아보려고 합니다."

어설픈 나에게
위로를

겨우 초보 딱지를 뗀 검사 3년차 때의 일이다. 한여름 시골의 법정은 덥기만 하다. 뇌물죄로 지역 유지를 기소했는데 그것을 방청하고자 3백여 명의 열혈 지지자들이 몰려들었다. 50명이 정원인 방청석은 의자에 앉은 사람, 복도와 문 앞에서 있는 사람, 검사석 바로 앞 바닥에 앉은 사람 등으로 꽉 차 바늘 하나 더 들어갈 자리도 없다. 바깥 온도가 섭씨 30도가 넘어 에어컨을 한 대 켜두었는데, 에어컨 송풍구 앞에 서 있는 사람이 춥다면서 그것을 꺼버리는 바람에 법정은 찜통이 됐다.

나는 재판이 시작되기도 전에 땀을 흘렸다. 검사석 코 앞 바닥에 자리한 사람은 나를 빤히 올려다보고 있다. 신경이 쓰인다. 손수건을 꺼내 땀을 닦으면서 변호인석을 바라봤다. 법원장 출신 변호사, 부장판사 출신 로펌 변호사 등 화려한 이력을 자랑하는 6명의 변호인단이 나를 바라본다. 짐짓 태연한 척하지만 내 목에선 마른 침이 넘어간다. '시원한 물이라도 한 병 가져올걸……' 하는 후회가 든다.

검사 경력 3년 차로 어설프기 짝이 없는 검사는 주위를 둘러본다. 내 편이 없다. 검사가 이렇게 외로운 직업인지 처음 느낀다. 이럴 줄 알았으면 후배 검사라도 옆에 앉혀놓을 걸 그랬다는 약한 마음도 든다.

제보자의 제보, 통장 거래 내역 등에 의해 혐의가 확인됐다. 그러나 그 지역 유지는 직무와 관련해서 돈을 준 것이 아니라고 부인하고 있어서 치열한 법정 공방이 예정되어 있었다.

제보자를 증인석에 앉혔다. 그런데 그는 너무 하고 싶은 말이 많다. 묻지도 않은 말까지 서슴없이 한다. 제지해보지만 소용이 없다. 자기 말이 백퍼센트 사실이니 믿어달라는 말이다. 묻는 검사야 그 제보자 말을 믿으니 기소하지 않았겠는가. 뭔가 포인트를 잘못 잡은 것 같다. 그걸 지켜보고 있는 6명 변호사의 얼굴에 미소가 번진다. 베테랑 변호사들은 그 제보자를 잘근잘근 씹듯이 반대신문을 한다. 제보자는 당황하는 기색이 역력하다. 말을 많이 하다 보니 말실수까지 한다. 답답함에 나도 모르게 고개를 가로저었다. 앗! 그 순간 재판장이 나의 그 모습을 보고 만다.

나의 경솔한 행동을 후회했지만 이미 엎질러진 물이다. 제보자가 좀 어설프더라도 검사가 중심을 잡고 있는 모습을 보여야 했다. 검사가 사건에 대한 믿음을 보여주지 못한 것이다. 마음 한구석이 찜찜한데 부장님과 동료 검사들은 증거가 충분하니 괜찮을 거라고 위로해준다.

판결을 선고하는 날에는 법정에 출석하지 않았다. 하지만 검사실 창문과 법정의 거리가 가깝기 때문에 대충 그 결과를 알 수 있었다. 10시가 선고 예정 시간인데 9시 30분부터 지지자들이 속속 법정에 모여드는 모습이 보였다. 10시 30분까지 법정에서는 아무런 소식이 없다. 답답한 마음에 수사관에게 가보라고 했다.

수사관이 나간 지 5분도 안 돼서 법정 쪽에서 "와!" 하는 함성 소리가 들렸다. 뭔가 하고 창문을 통해 법정을 보니, 법정 출입문이 활짝 열리고 지지자들이 뛰쳐나오면서 "만세! 만세!"라고 크게 외쳤다. 그 소리는 3·1절 만세 소리처럼 법원과 검찰청 마당에 가득히 울려 퍼졌다. 무죄판결이 선고된 것이다.

무죄판결문을 들고 부장실에 들어갔다. 내 탓이 분명하기에 고개를 푹 숙이고 들어갔다.

"부장님, 죄송합니다. 법원에서는 제보자 말에 신빙성이 부족하다는 취지입니다. 제가 좀 더 철저히 준비했어야 했는데……."

"안 검사, 고생했어. 내가 보기에 이건 항소심에서 반드시 뒤집을 수 있을 것 같다. 정신 차리고 항소심에 집중하자. 알았지?"

부장님은 내 예상과는 달리 별 걱정이 없으시다. 피고인의 지지자들이 만세를 부르며 청사를 몇 바퀴 도는 모습을 보셨을 텐데도 표정에 변화가 없다. '왜 사전에 무죄판결을 예상하여 대처하지 못했냐?'는 질책을 하실 만도 하지만 그런 부정적인 말은 한마디도 하지 않는다. 산전수전 다 겪은 돌부처다운 모습이다.

항소이유서를 작성하는 데 몇 날 며칠 심혈을 기울였다. 30장 가량 작성해서 부장님께 보여드렸다. 부장님은 나를 옆에 앉게 하시고는 한 시간 동안 나와 함께 논리를 다듬고 문장을 다듬었다. 부장님이 손을 대니 이제야 진짜 항소이유서 같은 느낌이 든다. 그리고 한 말씀 하신다.

"안 검사, 항소심도 자네가 직접 가서 하는 게 좋을 것 같다. 자네가 시작한 것이니 가서 끝까지 해봐야지."

대도시에 있는 고등법원은 분위기 자체가 달랐다. 좀 차분한 분위기였다. 제보자를 한 번 더 증인으로 불렀다. 제보자가 다행히(?) 풀이 죽어 있어서 신문이 그럭저럭 잘 이루어졌다. 그리고 법원이 판단하기 쉽도록 기소한 범죄 사실에 약간의 수정을 가했다.

선고일은 한겨울 눈이 많이 오는 날이었다. 이번 선고기일에는 들어가보고 싶은 생각이 들었다. 예감이 좋았다. 재판장이 판결문을 읽기 시작한다. 10분 넘게 판결을 고지한다. 여기까지 들어서는 유죄 같은데 또 저기까지 들으니 무죄 같기도 하고, 아무튼 들으면 들을수록 헷갈리고 머리만 아프다. 그냥 예측하지 말자고 생각하고 끝 부분에 뭐라고 하는지만 듣자고 생각했다. 내게는 마지막 문장만 기억에 남는다. "이런 점을 종합하면 피고인에게 유죄가 인정된다 할 것입니다……."

항소심에서 유죄가 선고됐다. 그렇게 듣고 싶었던 말인데 그다지 기쁨이 느껴지지 않았다. 수사부터 공판까지 1년 넘게 피고인을 마주하고 있었더니 그와 정이 들었나 보다. 피고인석을 떠나지 못하고 있는 피고인에게서 안쓰러움이 느껴진다. 그도 자신의 행위로 인해 여기까지 오리라고는 전혀 예상하지 못했을 것이다. 미안함도 느껴졌다. 그와 눈이 마주치자 내가 먼저 목례했다. 그도 약간의 눈웃음으로 화답했다.

검찰청으로 돌아오는 차 안에서 부장님께 전화 드렸다.

"부장님, 그 사건 유죄선고 되었습니다. 고맙습니다. 믿고 맡겨주셔서……."

"이 친구야, 자네가 고생했지. 난 그 사건 뒤집어질 줄 알고 있었네. 자네 눈빛에 간절함이 있었어. 눈길 조심히 오게나."

그 젊은 날에 난 유난히 어설펐던 것 같다. 뭔가를 이뤄보려고 부지런히, 악착같이 움직였는데도 일에서는 허술함이 묻어났다. 완벽하려 하면 할수록 불완전해지는 하루의 연속이었다. 바위를 굴려 정상 근처에 다다르면 다시 아래로 굴러 떨어지는 영원한 형벌 속에 갇힌 그리스 신화의 시시포스Sisyphus처럼 말이다.

나에겐 다행히 부장님처럼 옆에서 위로해주는 사람들이 많았다. 그러한 위로와 격려가 없었다면 그 불안한 터널을 빠져나오지 못했을지도 모른다. 그 응원이 하루를 버텨내게 했고 일생을 뒤돌아볼 수 있는 추억으로 가득 채우게 해줬다. 그런 사랑으로 인해 나는 점점 더 좋은 사람이 되어갔다. 마음을 따뜻함으로 채울 수 있었고 한층 더 성숙해졌다. 그리고 시간이 지나면서 허술함의 빈틈도 메워져갔다.

뒤돌아보면 내가 나를 위로해본 적은 없는 것 같다. 나 자신에게는 심한 질책과 채찍질뿐이었다. 좀 어색하기는 하지만, 오늘은 그 어설펐던 그날의 나에게, 그리고 오늘도 여전히 어설픈 나에게 위로를 보내본다.

"수고했다, 수고했어. 그리고 박수 받을 만큼 잘했어."

나와 마주하기

신경정신과 병원 앞에서 들어갈까 말까 수차례 망설였다. '지금 멀쩡한데 들어가서 무슨 말을 듣고 싶은 거냐?'고 수없이 자문했다. 하지만 죽을 것만 같던 그 순간이 다시 떠올랐다. 뭔지도 모르면서 무작정 당하고 있을 수만은 없다고 생각했다. 힘없이 병원문 손잡이를 밀고 들어갔다. 원장님과 20여 분간 대화하고 몇 가지 검사를 했다. 병명은 간단했다. '공황장애'란다. 그 진단은 내 인생에 어두운 그림자를 드리우는 것처럼 보였다. 깊은 좌절감이 몰려왔다.

'하필 검사 경력을 꽃피우려고 하는 이 시기에……'

진단받기 며칠 전 일이다. 기획검사가 검사 회의 때 '현행 구속제도의 문제점'에 대해서 발표해달라면서 발표 자료를 준비해달라고 했다.

'검사 회의 때 발표라니! 이 무슨 날벼락인가. 검사장님, 차장님, 부장님, 그리고 수십 명의 검사들 앞에서…….'

이미 검사장님께 발표자로 보고했기 때문에 반드시 내가 해야 한단다. 기획검사는 내가 단기간에 말끔한 발표 자료를 준비할 수 있다고 여겼나보다.

워낙 여러 사람들 앞에서 말하기를 싫어하고 심지어 두려워하는 나로서는 발표를 거부하고 싶었지만, 그러면 무능한 사람으로 찍힐 것만 같았다. 자료를 준비하면서도 발표하고 있을 내 모습을 생각하면 지레 떨렸다. 좋은 평가를 받을 수 있을지도 걱정되었다. 사람들이 '박사 학위까지 있는 놈이 그 정도밖에 못해?'라고 생각하지나 않을까…….

며칠간 낮에는 수사하고 밤에는 발표 자료를 준비했다. 여기저기서 자료를 찾고 내 의견을 집어넣어 10장가량 만들었고 결론도 나름 위트 있게 적었다.

드디어 검사 회의 시간이 왔다. 검사장을 비롯한 검사 40여 명 앞에서 데스크에 놓인 마이크에 대고 발표했다. 떨리는 마음을 감추고 발표해 나가는데 이상하게 호흡이 가빠졌다. 심장도 감당하기 힘들 정도로 쿵쾅거렸다. 처음 느끼는 기분이었다. 떨림을 겨우 감추며 "……그래도 '아름다운 구속'이 되기 위해 노력해야 합니다." 라는 마지막 문장을 말하고 내 자리로 와서 앉았다.

곧바로 우레와 같은 박수가 쏟아져나왔다. 검사장님도 뭐라고 칭찬하신다. 그런데 그 흥분 상태가 가라앉지 않고 등에서부터 뒷머리 쪽으로 '쏴악' 하며 뭔가가 신경계를 타고 올라가는 느낌이 들었다. 그 자리에 쓰러져 죽을 것만 같다. 이 자리에서 쓰러지면 안 될 것 같아 체면이고 뭐고 출입문으로 다가가서 손잡이를 잡고 돌렸다. 그런데 열리지 않는다. 다른 쪽을 잡고 돌려도 마찬가지다. 다른 직원이 와서 도와주는데도 열리지 않는다. 안 되겠다 싶어 다시 자리로 왔는데, 그제야 신경이 제자리로 돌아온 것 같았다. 등은 식은땀으로 범벅이 되어 있었다.

병원 원장님에게 공황장애에 대한 설명을 듣고 서점에서 관련 서적을 샀다. 뭔지 알아야 대처할 수 있을 것 같았다. 매스컴을 통해 일부 연예인들이 공황장애 때문에 어려움을 겪는다는 말을 듣기는 했어도, 설마 내가 걸릴 줄은 몰랐다.

원시 시대의 인간은 맹수에게 공격당했을 때 순간적으로 부교감신경을 활성화시켜 심장 박동을 빠르게 하고 몸의 열을 높여 재빨리 도망치도록 생존 본능을 발휘해왔다. 그 과정에서 몸에 땀이 나는데, 위기의 순간이 지나면 땀이 식고 부교감신경은 정상으로 돌아와 안정감을 느끼는 것이다. 그런데 그런 위기의 순간이 아닌데도 특정 상황에서 부교감신경이 활성화되고 제자리로 돌아오는 데 어려움을 겪는 것을 공황장애라고 한다.

사람마다 다양한 상황에서 공황 상태를 경험하는데 심한 경우 발작에 이르기도 한단다. 내 경우는 발작까지는 아니지만 머릿속에서는 '이러다 죽겠구나.' 하는 두려움이 몰려오는 것을 느꼈다.

의사 선생님은 내 증상이 다행히 심하지 않기 때문에 약간의 약물치료와 집단인지행동치료를 병행하면 곧 정상으로 돌아올 것이라고 했다. 뇌에서 인지 오류를 일으킴으로써 가짜 위기를 진짜 위기인 듯 느끼는 것이므로 그 인지 오류를 바로잡는 치료를 해야 한다고 했다. 그게 뭔가 했는데, 공황장애를 겪는 사람들이 일주일에 한 번씩 모여 각자의 증상을 이야기하고 들으며 자신의 인지 오류를 스스로 수정하는 것이었다.

7~8명이 모여서 각자의 증상을 이야기하는데, 정말 제각기 다른 상황에서 공황 증상을 겪고 있었다. 어떤 사람은 아버지가 심장마비로 돌아가신 이후로 혼자 방에 있으면 죽을 것 같은 생각이 들면서 발작이 온다고 했다. 다른 사람은 고가도로만 올라가면 사고로 죽을 것 같은 공포가 몰려와 운전하는 데 큰 어려움을 겪는다고 했다. 내 경우에는 많은 사람들 앞에 설 때 두려움이 극대화되는 특징을 갖고 있었다.

의사 선생님 말대로 집단인지행동치료 과정이 많은 도움이 됐다. 내 증상을 객관적으로 바라볼 수 있게 해줬다. 그리고 내 증상이

가벼운 쪽에 속한다는 안도감이 들었다. 무엇보다도 그 과정에서 내면의 자아를 바라보게 되었고, 공황장애의 원인이 무엇인지도 어렴풋이 찾을 수 있었다.

언제 어떻게 형성됐는지 모르지만, 무엇보다도 나의 완벽주의적인 성격이 문제였다. 지적받지 않도록 완벽하게 하려다 보니 일하는 내내 스트레스에 시달리고 지적을 받으면 자존감이 무너져 내리는 악순환을 반복하다가 탈이 난 것이다. 그리고 사정없이 몰아붙이는 업무 강도에 체력적인 한계를 느꼈음이 분명했다.

자존심이 강한데다가 나 자신을 남들과 비교하면서 어느 때는 우월감을, 어느 때는 열등감을 느끼곤 했다. 남들의 칭찬이나 인정을 갈구하면서도 겉으로는 항상 괜찮은 척, 안 그런 척, 강한 척했다. 그러다 보니 신경 계통에 부조화가 왔을 것이다. 그리고 몇 번의 사법시험 실패로 큰 좌절을 겪으면서 제대로 위로받지 못한 것도 원인이 됐을 것이다.

내 느낌은 이렇다. 심장에서 뇌에 보내는 신호가 잘 잡히지 않고, 뇌에서 심장에 보내는 신호도 제대로 전달되지 않는 것이다. 심장도 단순히 피를 뿜어내는 기능 외에 감정 신호 체계의 한 축을 담당하는 것은 아닐까. 진실된 감정을 전달하는 역할 말이다. 심장이식을 받은 사람이 심장의 원래 주인의 성격으로 바뀌었다는 사례들도 있는 것으로 보아 나만 그렇게 느끼는 건 아닌 것 같다. 머리로는 무슨 일이든 괜찮다고 했으나 사실 감정은 그 반대인 경우가 많았다.

누구를 탓하기도 어렵다. 나이 마흔 넘어 삶을 책임질 나이에 남 탓을 하는 건 부끄러운 일이다. 지금 상황은 내가 과거에 생각하고 행동한 결과물이다. 내가 책임질 수밖에 없다.

원인을 찾으니 해결책 역시 찾게 되었다. 인간이란 불완전한 존재라는 사실을, 특히 나는 더 불완전하다는 사실을 인정해야 했다. 그리고 주위 사람들도 그러한 불안감에 시달리며 참고 산다는 것도 알게 되었다. 경쟁 사회에서 뒤처지지 않고 주위 사람의 기대에 어긋나지 않기 위해 맞춰 살다가 마음의 병이 오게 된 것이다.

무엇보다도 나 자신에게 너그러워져야 했다. 내가 뭐 대단한 사람이라고 원하는 일마다 해낸단 말인가. 힘들어하는 동료에게는 온화한 미소와 따뜻한 말을 건네면서 왜 내 자신한테는 그렇게 매정했던 걸까?

그동안 나는 나를 너무 막 굴렸다. 심장에서 싫다고 하는 일을 견디며 해내라고 강요해왔다. 내 스스로 가치를 부여하기보다는 타인의 칭찬이나 인정을 받는 데 너무 집중했다. 이제 와서 나 자신에게 너무 미안했다.

집단인지행동치료를 받고 있을 무렵 지도부에서 나에게 강력부의 수석검사를 제의했다. 형사부에서 열심히 압수수색을 하는 걸로 봐서 깜이 된다고 본 모양이다. 이렇게 큰 청의 강력부 수석검사라면 누구나 원하는 자리다. 그 자리에 갔다가 특수부로도 갈 수 있는 그런 자리. 하지만 난 갈 수 없다고 전했다. 내 몸이 지금 그 자리를 감당할 여건이 안 됨을 알기 때문이었다. 이유는 다른 걸 댔다. 그 때문에 뒤에서 '건방진 놈', '검사보다는 교수가 어울리는 놈'이라는 소리를 들어야 했다. 하지만 그런 건 중요하지 않았다. 잠시라도 나를 아끼고 싶었고, 우선 내 몸에 맞는 옷이 무엇인지 궁리해야 했다.

갑자기 찾아온 공황장애가 나의 삶을 크게 변화시켰다. 그리고 인생을 재정립하게 만들었다. 내가 만들었던, 나와 맞지 않는 과거의 프레임에서 빠져나올 수 있었다. 더 늦기 전에 나 자신과 대면한 시간들은 다행스러운 경험이었다. 그 이전의 삶과 이후의 삶은 큰 간극을 보여줄 것이 분명하다. 젊었을 적에는 야망을 향하여 거침없이 달려왔다면, 이제는 나를 다독이고 가족과 주위를 돌아보며 가야 한다. 부모님이나 타인의 기대에 맞추는 인생이 아니라 스스로 가치 있다고 여기는 인생을 살아야 한다. 그래야 현재와 미래를 생각할 수 있다.

어차피 아픔 없는 삶이란 없다. 역경 없이 살아낸 사람이 있을까? 나는 공황장애의 경험을 내 앞길을 비추는 손전등으로 사용하려고 한다. 나를 뒤로 잡아끄는 장애물이 아니라 갑자기 내게 온 선물이라 생각하면서. 그래야 내 삶도 계속 나아갈 수 있으니까.

어쩔 수 없이 나와 마주한 오늘, 나를 보며 말한다.

"이보게, 친구. 앞으로 같이 잘 살아보세. 힘들 땐 얘기 좀 해주고……."

결코 무겁거나
우울하지 않은 인생

•
•
•

인생은 참 아이러니하다. 내 인생을 설계한 자가 있다면 아마도 '또라이'에 가까울 것이다. 많은 사람들 앞에 나서는 것을 두려워하여 공황장애까지 앓다가 힘겹게 회복했다. 그리고 한 걸음씩 앞으로 내딛고 있는데, 느닷없이 검찰청 행사에서 진행자를 맡으라는 임무가 부여되었다. 미치지 않고서야 어디…….

나는 남들 앞에 나서서 말하는 것을 싫어한다. 오죽하면 공황장애에 걸렸을까. 그런데 그냥 편하게 밥 먹는 자리나 커피 마시는 자리에서는 상황에 맞는 유머로 좌중을 즐겁게 해주긴 했다. 그래서 그런지 주위 사람들은 나를 상당히 외향적인 성격의 소유자로 알고 있다. 하지만 내 가슴 한구석에는 '괜히 나섰다가 남들을 웃기지 못하여 망신당할 수 있다.'라는 두려움이 있다. 그래서 나는 남들 앞에 서는 사람들의 절반 이상은 항상 두려움을 느끼지만 그것을 이겨내고 그 자리에 서 있다는 사실을 잘 안다.

공황장애로 한창 내 자신과 씨름할 즈음 4백 명이 넘는 직원이 모두 참석하는 '송년의 밤' 행사가 열리게 되었다. 내가 속한 공판부에서도 장기자랑을 준비해야 된다는데 내가 차석검사라는 이유로 '준비위원장' 자리가 맡겨졌다. 내 속마음은 '저 아파서 그런 거 할 정신이 아녜요.'라고 외치고 있었으나 현실은 상당히 냉정하다. 다시 마음을 다잡는다. '그래, 이왕 할 거 제대로 해보자.'

사실 검사가 된 뒤 내 행보를 보면 심상치 않긴 하다. 2년마다 임지를 옮기는데 가는 곳마다 '송년의 밤' 같은 행사들이 열렸다. 행사에서는 항상 부별 장기자랑이 열렸는데, 나는 우리 부를 대표하여 장기자랑에 참가했고 매번 상을 받았다.

후배들과 회의한 끝에 나와 후배 검사 두 명이 KBS의 「개그콘서트」에서 인기를 끌고 있던 '남성인권보장위원회'를 우리 공판부 실정에 맞게 패러디한 '공판인권보장위원회'를 준비한다. '검사장님, 공판 검사 열 명으로 줄여놓고 살림살이 좀 나아지셨습니까!'를 필두로 공판부의 애로 사항을 유머러스하게 세 개의 에피소드로 엮었다. 공감이 되었는지 직원들의 호응이 장난 아니다. 당당히 대상을 거머쥐었고, 그 녹화 영상이 내부 메신저로 돌면서 이곳저곳에서 유명 인사가 되었다.

하지만 내가 뭔 정신으로 그 많은 관객 앞에서 코미디 쇼를 했는지 모르겠다. 나는 내 안의 엄청난 떨림을 그대로 견뎌내면서 그 자리에서 공연을 했다. 사람들은 내가 얼마나 떨었는지 잘 모른다. 거의 무대 앞으로 고꾸라질 뻔했다. 끝내고 일어나 관객들에게 인사를 하는데 무게중심이 흐트러지면서 휘청하는 느낌이 온다. 하지만 다행히 사람들이 눈치채지 못했다.

끝내고 자리에 돌아오니 주위 사람들이 "그 끼를 그동안 어떻게 감추고 살았느냐."고 한다. 한숨이 나왔다.

그 후 더 큰 검찰청에서 근무할 때다. 그곳에서는 정말 부원들과 식사할 때 외에는 거의 말을 안 하고 지냈다. 그럼에도 불구하고 오락 시간에 사회를 보라는 특명이 떨어졌다. 늦가을 무렵 검사장님을 비롯한 간부님들, 평검사 70여 명이 토요일에 단체로 산행을 하는데, 저녁 식사 장소에서 두 시간 정도 사회를 보라는 것이었다.

알아보니 우리 부의 부부장님이 내가 부원들과 식사할 때 재밌게 얘기한다면서 사회를 잘 볼 거라고 추천했다고 한다. 역시 적은 내부에 있었다. '이젠 밥 먹을 때도 입을 열지 않으리라.' 굳게 맹세했다. 행사의 준비단장을 맡으신 다른 부의 부장님은 평소 조용하던 내가 사회자로 추천되자 '안 검사가 말을 할 줄 알아?'라고 반문

하셨다고 한다. 나는 원망에 찬 목소리로 외쳤다. 속으로.

'그러게 말이에요, 부장님. 그런데 사회자라니요? 어려워 죽겠는 검사장님 앞에서…….'

역시 현실은 냉정하다. 최악의 시나리오가 주어진다. 준비 기간은 3일이고, 노래방 기계 없이 앰프와 마이크를 줄 테니 두 시간을 즐겁게 만들어보라고 한다. '젠장, 노래방 기계라도 주지. 노래 부르고 춤추게 하면 두 시간 후딱 가는데…….'

인생도 마찬가지고 여기 일도 그런가 보다. 브레이크도 없고 후진 기어도 없다. 그냥 던져지면 앞으로 가야 한다.

이제부터 내가 살아남아야 한다. 수석검사라는 완장이 있으니 그것을 최대한 활용해야 한다. 장기자랑 팀 6개를 만들고 한 팀은 찬조출연을 맡긴다. 우리 부도 장기자랑을 준비해서 모범을 보이기로 한다. 나를 사회자로 추천한 그 원수 같은 부부장님에게 더블 엠시를 하자고 건의한다. 혼자 죽을 수는 없고, 둘이 하면 아무래도 마음이 안정되고 보는 사람들도 편할 것 같다.

처음 해보는 진행자 역할이라 대본이 필요했다. 행사 진행 방법도 배워야 했다. 다른 청에 있을 때 송년의 밤 행사에서 전문 엠시가 나와서 진행하던 것이 생각나서 그 파일을 찾아서 연구했다. 그리고 포털사이트에서 전문 엠시 블로그와 카페를 찾아 급한 대로 가입했다. 그런데 내 급한 마음을 몰라주고 '새싹' 단계에서 등업을 해주지 않아 좋은 자료를 볼 수가 없다. 발을 동동 구르다가 관리자에게 '저 공무원인데 행사 준비 때문에 가입했습니다. 많이 급해서 그러는데 등업 해주시면 안 될까요? 충성을 다하겠습니다.'라는 메시지를 보냈다. 잠시 후에 깜짝 등업이 됐다. 정말 좋은 자료가 많았다. 퀴즈, 웃기는 얘기를 찾아내고, 장기자랑 하는 검사들에 대한 특이한 소개, 검사들에게만 통하는 업무적 유머를 발굴하여 여덟 장짜리 대본을 마련했다. 전문적으로 보이기 위해 등산복 외에 사회 볼 때 입을 옷도 별도로 마련했다.

결과는? 상상 이상이었다. 처음부터 웃음이 빵빵 터졌다. 퀴즈, 만담, 장기자랑, 찬조출연 등 우리가 준비한 것이 맞나 싶었다. 우리 부원들이 사회도 보고 장기자랑에서도 1등을 해버렸다. 그 후 그 검찰청에서 일하는 내내 그 얘기를 하면서 즐겁게 보냈다. 검사 생활에서 최고로 일이 어렵고 위기가 많았지만 그 추억 때문에 견딜 수 있었다.

부장급이 되어 법무연수원 검사 교수로 와서 신임 검사를 가르치기 때문에 여기서는 사회를 볼 일이 정말 없을 줄 알았다. 그러나 내 인생이 어디 그런가. 나의 뜻과는 전혀 무관하게 신임 검사 체육대회와 워크숍에서 두 차례나 사회를 보게 됐다. 이러니 이놈의 인생을 미쳤다고 하지 않을 수 없다.

솔직히 이제는 떨리지 않는다. 욕심을 탁 내려놓고 준비하다 보니 기대보다는 좋은 결과가 있을 것이라는 생각이 든다. 대본을 만들면서 그 말을 듣고 웃을 관객들을 상상하는데 나도 함께 웃게 된다. 그리고 실제로 그러한 상황들이 벌어진다. 내가 마음에 긍정의 기운을 가득 채우고 그 마음을 활짝 여니 타인들도 들어와 호응해 주는 것 같다.

본의 아니게 사람들 앞에 서다 보니 내 체질도 조금씩 바뀌어가는 것이 보인다. 내 몸속 세포들이 점점 생기를 찾고 젊어지는 느낌이 온다. 마음의 흐름을 조금 바꾼 것뿐인데 큰 변화가 일어난다. 작은 것에도 반응하고 행복해하는 행복 체질로 바뀌었나 보다.

이런 생각을 하면서 내 인생 여정을 다시 보니 그 누군가가 끝내주게 설계를 해준 것 같다. 무거워지거나 우울해하지 말라고 자꾸 이런 기회를 주는 게 아닐까. 고생할 땐 하더라도 웃으면서 하라고. 그리고 앞만 보지 말고 주위도 살펴보라고.

내가 실패하지 않으리라는 걸 알았더라면

고등학교 1학년 2학기 때, 그러니까 시골에서 전학 온 지 3개월 정도 되었을 때다. 반에서 별로 친하지 않은 녀석이었는데 어느 순간부터 나를 '보신탕'이라고 부른다. 처음에는 시답잖아서 반응하지 않았는데 나를 볼 때마다 자꾸 큰 소리로 그렇게 부르니 신경이 쓰였다. 내 얼굴이 개처럼 생긴 것도 아니고 개고기 반찬을 싸 온 것도 아닌데 도대체 그 녀석이 그러는 의도를 알 길이 없다. 아무래도 내가 촌티가 나서 그랬을 수도 있다.

그러던 어느 야간 자율학습 시간이었다. 맨 앞자리에서 공부에 집중하고 있는데 저만치 뒷자리에 있던 그 녀석이 갑자기 큰 소리로 "야, 보신탕!" 하고 불렀다. 반 아이들의 시선이 집중되었기 때문에 얼굴이 좀 화끈거렸다. 그래도 고개만 한 번 돌려 보고는 그냥 모른 척 책으로 얼굴을 돌렸다. 그런데도 자꾸 "야, 보신탕! 왜 불러도 대답이 없어! 야, 보신탕!" 이렇게 소리친다. 주위를 둘러보니 평소 순한 녀석들은 좀 걱정된다는 듯 바라보고, 평소 껄렁대던 녀석들은 재미있다는 듯 킥킥댄다.

그렇게 몇 번을 부르다 말면 좋으련만 그 녀석의 도발은 계속됐다. 내가 뭐라도 반응해야 종결될 모양이었다. 내가 의자를 박차고 일어나 "그래, 이 자식아, 나 불렀냐? 내가 왜 보신탕이야?"라고 소리치고 주먹을 쥔 채 그 녀석 있는 곳으로 다가갔다. 그 녀석도 기다렸다는 듯 나에게 다가온다. 그 녀석의 주먹이 세든 안 세든 그 자리에서 싸우다 죽을 각오를 했다. 순간적으로 촌놈 기질이 발동한 것이다. 사태의 심각성을 알았는지 옆에 있던 친구 몇 명이 앞을 가로막고 말렸다.

그 사건 이후로 교실에서 '보신탕'이라는 단어가 울려 퍼지는 일은 없었다. 대신 난 친구들에게 마음을 닫아버렸다. 낯선 곳에서 적응하느라 힘들어하는 나를 위해 나서 주는 친구가 하나도 없다는 사실이 나를 외롭게 했다. 그리고 '너희들이 날 촌놈이라고 무시하는 모양인데, 두고 봐라. 너희들보다 성공하는 모습을 보여줄 거다.'라는 마음으로 공부에 열중했다. 그러다 보니 친한 고등학교 친구가 별로 없다. 그래서 지금도 고등학교 동창 모임에는 잘 안 나간다. 예전 사건의 트라우마 때문이기도 하고, 존재감 없이 생활했던 나를 반겨줄 친구가 있을까 하는 생각에서다.

그래도 현재 내 자리에 만족하면서 사는 지금에 와서는 옛날 그 사건에 대한 나의 대처가 많이 아쉽다. 그 녀석이 나를 좀 편히 보고 친해지고 싶어서 그랬을 수도 있다는 생각이 든다. 그리고 침묵하던 아이들도 내게 마음속 지지를 보내고 있었을 수도 있는데. 지나고 보니 좋은 학우들도 많았다. 내게 다가오려는 좋은 친구들도 있었는데 내가 마음을 다 열지 않아 친해지지 못했던 것 같다. 이렇게 무사히 고등학교, 대학교 들어가고 사회생활 할 줄 알았더라면 친구들에게 좀 더 다가갔을 것을.

마흔 중반에 이르러 생각해보니 부모님과 여행을 제대로 못 다녀본 것 같다. 내가 중학생일 때까지 부모님은 시골에서 논밭 농사짓느라 아이들 셋 데리고 어디 여행 다니기가 쉽지 않았을 것이다. 부모님은 도시로 이사 온 후에도 아이들 학비를 벌어 대느라 잠시도 눈 돌릴 틈이 없으셨다. 여전히 마음은 시골에 갇혀 사시는 분들 같아서 지금에 이르러서도 자식들에게 어디 여행 한번 가자고 하시지 않는다.

나 역시 대학 때는 사법시험 공부하느라, 사법연수원 시절에는 검사가 되기 위해 공부하느라, 결혼 후에는 내 가족들 챙기느라 항상 부모님과의 여행을 뒤로 미루어만 왔다. 이제 검사 경력도 쌓이고 시간을 컨트롤할 정도가 돼서 좀 챙겨드리고자 하는데…… 이제는 더 이상 기회가 없다. 아버지는 이제 두 시간 정도 차를 타는 것도 힘들어하신다.

자식 입장에서는 서운하기 그지없고 죄송하기 이루 말할 수 없다. 아버지 인생을 보면서 '난 저렇게 바쁘게만 살지 않을 거야. 여유를 가지면서 살 거야.'라고 다짐했건만, 나 역시 지금을 부지런히 살지 못하고 게을리 살아 이 지경에 이르게 됐다. 좀 빠듯하더라도, 큰 여유는 없더라도, 그때 챙기지 않는다면 '언젠가'라는 시점은 영원히 오지 않는 듯하다.

안타까운 마음에 아버지께 그에 대해 말씀드리면 항상 이렇게 대답하신다.

"나는 여행 같은 거에 미련이 하나도 없다. 너희 삼형제가 이렇게 잘 커서 가족 이루고 사는 거 보면 됐다. 시골에서 올라와 이 정도면 내 인생은 성공한 거 아니냐."

그래도 못난 자식에게는 별 위로가 안 된다. 내가 이렇게 무사히 장성하여 사람 노릇하면서 살 줄 알았더라면 좀 더 일찍 부모님 손 잡고 많은 곳을 여행했을 텐데.

이 모두가 내가 살면서 '실패하지 않을까.' 하는 두려움을 가졌기 때문이다. '지금 딴생각 안 하고 열심히 살아야 만족스런 내일을 맞이할 수 있다.'고 생각했기 때문인 것 같다. 주위의 상황이 그렇게 만든 것이 아니라, 내가 그렇게 생각했기 때문에 지금의 상황이 된 것이다. 생각한대로 살지 않고 사는 대로 생각했기 때문이다. 내가 하는 일마다 '잘 될 거야.'라고 생각했다면 좀 더 오늘에 집중하고 즐기지 않았을까?

미래에 나의 삶을 후회로 가득 채우지 않으려면 나의 사고 틀부터 바꾸어야 한다. 이렇게 말이다. '미래에 난 내가 생각한 대로 되어 있을 것이다. 사회생활에서 능력을 인정받고 남들로부터 존경받는 사람이 되어 있을 것이다. 내 아이들도 자기가 원하는 삶을 살며 행복해하고 있을 것이다. 아내와도 서로 존경하며 대화를 가장 많이 나누는 친구가 돼 있을 것이다.'

이 글을 쓰고 있는 오늘부터라도 아이들에게 잔소리하기보다는 아이들이 즐거워하는 일이 무엇인지, 무엇을 할 때 가장 행복한지 알아보려고 노력할 것이다. 그리고 자주 아내의 손을 잡고 동네를 산책하며 지나온 날과 다가올 날에 대해 얘기 나눠야겠다. 이런 생각을 하다 보면 '참 행복이 별거 아니다.'라는 생각이 든다. 큰 욕심을 버리고 지금 내가 갖고 있는 소소한 것을 챙기면 되는 것이다. 더 이상 후회하는 삶을 살지 않기 위해 현재까지 내 인생에서 아쉬웠던 점들을 끄적여본다.

내가 실패하지 않으리라는 것을 알았더라면

앞만 보고 달리기보다 주위를 보며 사람과 경치도 구경했으리라
실패에 좌절하기보다는 실패에 찬사를 보냈으리라
친구들과 더 많은 우정을 나누었으리라
열등감을 갖지 않고 항상 자신 있게 행동했으리라
대학생 때 아르바이트로 돈을 벌어 전국을 여행했으리라
술 취하지 않은 채 남들 앞에서 미친 듯이 춤을 추었으리라
덜 걱정하고 더 많이 노는 데 열중했으리라
부모님과 더 많은 시간을 가졌으리라
남이 잘됐을 때 더 많은 박수를 보냈으리라
매일 잠자는 아이들에게 사랑한다고 말해주었으리라
아내에게 '사랑한다', '고맙다'라는 말을 더 많이 했으리라
매일 길에서 만나는 사람에게 미소를 보내고
말을 걸어보았으리라
이길 수 있으면서 져주고, 알면서도 속아주었으리라
실패를 두려워하지 않고 더 많은 것에 도전했으리라
남의 단점보다는 장점을 많이 보려고 노력했으리라
남의 결정에 의존하기보다
나의 판단이나 감각에 더 의지했으리라
내가 좋아하는 일에 미쳐

'저런 미친 또라이'라는 소리를 들었으리라
내 앞을 지나간 그 수많은 기회들을
그냥 흘려보내지 않았으리라
남과 비교하지 않고 나만의 가치를 쌓는 데 집중했으리라
미래의 성공보다는 오늘 하루를 행복으로 가득 채웠으리라

다 써놓고 보니 아쉬움만 남는다. 안 되겠다. 위 문장들의 끝부분을 '……으리라'에서 '……하리라'로 모두 바꾸어 읽어본다. 한결 기분이 나아지고 안도감마저 든다. 그렇게만 한다면 내 인생 실패하지 않으리라.

아픔 속에서 품은 희망

공황장애로부터 회복되어 얼마 지나지 않았을 때다. 검사에게 세 번째 임지란 상당히 바쁠 수밖에 없는 곳이다. 한 부서의 중간 이상 위치에서 중추적인 역할을 하기 때문이다. 그렇다 보니 사무실에서 지내는 시간이 더욱 늘어갔다. 새벽 한두 시 귀가가 일상화되었고, 주말 중 적어도 하루 근무는 필수이며 주말 내내 출근하는 날도 많아졌다. 집에서 아내가 뭘 하는지, 초등학교 1학년과 2학년인 아이들이 어떻게 지내는지도 모를 정도였다. 집에서 지내는 시간이 적다 보니 아내와 대화하는 횟수나 시간도 미미했다.

어느 날부턴가 밤늦게 귀가하면 아내의 눈이 젖어 있는 때가 많았다. 슬픈 드라마를 보느라 그랬다고 한다. 그런데 말수도 예전보다 현저히 줄어든 것이 느껴졌다. 내가 출근할 때 피곤하다면서 침대에 누워 있는 날도 많았다. 자꾸 가라앉는 느낌이 든다고 했다.

내가 보기에 아내가 조금 이상했다. 내 직감이 맞았다. 장인어른과 장모님께 사정을 말씀드린 후 아내를 데리고 신경정신과에 갔다. 이런저런 상담과 검사를 하더니 다행히 우울증까지는 아니란다. 그러나 이 상태가 지속되면 우울증으로 발전할 수 있으니 주의하라고 한다. 약간의 약을 복용하고 정기적으로 상담 치료를 받기로 했다.

다 같이 병원 문을 나서는데 나를 바라보는 장인어른과 장모님 눈빛에서 약간의 아쉬움이 전해져 온다. 왜 안 그렇겠는가. 하나밖에 없는 딸을 정신과 상담을 받게 했으니. 그 눈빛이 아니더라도 이미 나는 큰 충격을 받고 있었다. '내가 사랑하는 아내, 나를 사랑하는 아내, 우리 아이들이 세상에서 제일 좋아하는 엄마를 아프게 하다니.'

내가 장인어른이었다면 아마도 주먹으로 사위 귓방망이를 한 대 갈겼을 것이다. '너 이 자식, 결혼할 때 뭐라고 하면서 내 딸 데려갔어? 바쁘면 다야? 남편 노릇 제대로 못할 것 같으면 다시 내놔!' 하면서 말이다. 딸을 길러보니 나 같은 사위 얻을까봐 걱정된다.

의사 선생님은 내가 있어서 조심하느라 남편이 우울감을 주는 원인 중 하나라고 말하지는 않았지만, 난 알 수 있었다. 내가 제일 문제였다. 일상화된 야근, 주말 근무, 회식 등등. 집에서 아내와 단둘이 앉아 일상적인 대화를 주고받지 못한 것이 가장 큰 원인일 것이다. 집에 있더라도 피곤하다는 이유로 아내의 이야기에 귀를 기울이지 않았다. 아내는 아이들 돌보느라 하루 종일 심신이 피곤한데 내가 그 하소연을 들어주지 못했던 것이다. 한마디로 위로가 필요한 사람에게 위로를 주지 못한 것이다.

그날부터 생활에 변화를 주기 시작했다. 낮 시간에 업무를 집중적으로 처리하고 일찍 귀가했고 주말 근무는 원칙적으로 하지 않았다. 그래도 일에 별 지장을 주지 않는 게 신기했다. 그동안 야근할 생각으로 낮 시간에 덜 집중했던 게 아닐까 하는 생각이 들었다. 하지만 이건 단기적 처방에 불과하다고 여겨졌다. 내가 좀 더 가족에 집중할 수 있는 방법이 있는지 찾으려고 노력했다. 아니, 찾아야만 했다. 힘들고 아픈 때이지만 그 속에서 희망을 찾아야 했다.

주변에 가정뿐만 아니라 자신까지 잘 챙기며 사는 검사들을 살펴봤다. 공통점을 보니 하나같이 유학을 다녀왔다. 검사로서 다녀온 것이긴 해도 일이 없는 새로운 환경에서 가족과 행복한 시간을 보내고 온 것이다. 그렇게 업무의 공백이 있었지만 다녀온 뒤에도 가정을 잘 돌보고, 검사로서도 충분히 활약하며 지내고 있었다.

'난 그동안 뭐 한 거야? 가족들 희생시키면서 일만 한 거야? 바보 멍텅구리 같으니…….'라고 자책했다. 하지만 후회만 하고 있을 수는 없었다. 인사부서에 알아보니 5년 이상 근무한 검사는 5년 내에 일정 어학 점수를 취득하면 국외 훈련을 신청할 수 있다고 한다. 다섯 번의 기회가 있는 것이다. 그런데 나는 그런 것이 있는 줄도 모른 채 4년을 흘려보냈고 이제 한 번의 기회가 남아 있었다. 그래도 절망할 수 없었다. 벼랑 끝에서 공부로 살아남아 이 자리까지 오지 않았는가. 나 때문에 아픈 아내를 위해, 아이들을 위해 정신 바짝 차리고 방법을 찾아봤다.

대학을 법학과로 진학하고 사법시험을 준비하면서 어학 선택을 독일어로 했기 때문에 고등학교 이후에는 영어 공부를 한 적이 없다. 그렇다고 독일어로 하자니 어차피 새로 공부하는 것이나 다름없어 보였다. 이왕 준비하는 건데 우리 애들에게 영어권 국가에서 공부할 기회를 주면 좋을 것 같았다. 그런데 주위에서 말린다. 영어권으로 국외 훈련 신청을 하려면 토플 시험을 봐야 하는데, 몇 년 전에 토플 시험이 IBT 토플로 바뀌어서 힘들 거란다. 뭔 소린가 했는데 읽기reading, 듣기listening, 말하기speaking, 쓰기writing를 준비해야 한다는 것이다. 난 태어나서 미국인과 영어로 말해본 적이 없는 사람이다. 막막했다. 같은 부 선배는 1년 안에 IBT 토플로 120점 만점에 90점을 맞는 것은 불가능하니 독일어로 하는 게 나을 거라고 충고한다. 그냥 귀를 막았다. 지금까지의 내 운을 믿기로 했다. 열심히 일만 하며 살았으니 새로운 곳에서 한번 살아보라는 기회가 내 앞에 주어진 것으로 믿었다.

일단 토플에 가장 정통하다는 H어학원의 교재를 샀다. 새벽 5시에 일어나 6시에 사무실에 도착해서 9시까지 토플 공부에 매달렸다. 그리고 업무 시간에는 최대한 집중력을 발휘해서 사건을 조사하고 처리했다. 저녁 시간을 영어 공부에 투입하려고 했으나 조사가 지연되거나 사건이 밀려 하지 못하는 날이 많아졌다. 중간에 포기할까 하는 생각도 했다. 하지만 아픈 아내와 아무것도 모른 채 아빠를 쳐다보고 있는 아이들을 생각하며 스스로를 채찍질했다. 마음을 편하게 먹기 위해 영어 공부는 새벽 시간과 주말에만 하기로 했다. 그랬더니 야근으로 인한 자책감이 덜어지고 마음이 상당히 편해져서 오히려 공부가 잘됐다. 업무에서도 실적이 좋았다.

그렇게 8개월을 공부하고 있는데 3월에 인사부서에서 '국외 훈련을 갈 검사는 3월부터 6월 말까지 토플 시험에 응시하고 그 결과를 제출'하라는 공지를 띄웠다. 가슴이 두근거렸다. 나는 토플 주관사 사이트에 들어가 3월부터 6월까지의 모든 토플 시험을 신청했다. 당시 내 실력으로 한두 번 만에 커트라인을 통과할 수는 없어 보였다.

3월 둘째 주말에 시험을 봤는데 60점대가 나왔다. '역시 1년도 안 되는 시간은 무리였나?' 그래도 이왕 이렇게 된 거 시험이나 실컷 쳐보자는 심정으로 주말마다 출근하듯 수원에 위치한 여러 곳의 토플 시험장으로 갔다. 5월 중순쯤 되니 시험 방식에 익숙해져서인지 총점 75점 정도는 나온다. 문제는 말하기였다. 반타작도 못하고 있었다. 말하기 점수가 안 나오는 이유를 자체 분석해보니 좀 웃긴다. 내 소심한 성격이 그대로 반영된 결과였다.

읽기 지문이 너무 길어 문제 푸는 속도도 느렸다. 그러다 보니 다른 응시자들은 말하기를 끝내고 쓰기에 들어가 있는데 나는 그제야 말하기에 들어간다. 그러면 내 애처로운poor 영어가 조용한 교실에서 홀로 울려 퍼진다. 그것이 두려워 모기만 한 소리로 해왔으니 좋은 성적이 나올 리 없었다.

단기간에 내 소심한 성격을 획기적으로 바꿀 방법은 없었다. 읽기 문제 풀이 시간을 최대한 단축시키는 연습을 했다. 포털사이트를 뒤지니, 토플 시험은 점수에 포함되지 않는 더미dummy 문제들이 있는데 그것을 가려내면 시간을 확 단축시킬 수 있단다. 그것을 찾는 방법을 연구하고 읽기 지문을 빨리 푸는 연습에 집중했다. 그렇게 연습하니 말하기 시간에 남들 떠들 때 나도 떠들 수 있게 됐다. 그리고 맹세했다. 말하기 시간에는 문법이고 뭐고 생각하지 말고 큰 소리로 되는 대로 떠들어대자고. 안 그러면 미국은커녕 싱가포르도 못 갈 거라고.

6월 초순까지 본 시험에선 인사부서에서 요구하는 커트라인을 넘지 못했다. 이제는 희망이고 뭐고 그냥 열심히 해왔으니 6월 말까지 시험 응시나 잘하자고 맘먹었다. 마라톤으로 치면 등수보다는 완주를 택했다. 매주 주말에 네 시간씩 앉아 시험을 보니 없던 허리병도 생겼다. 진통제를 입에 털어놓고 시험장에 입장했다. 6월 말, 마지막 시험을 마치고 시험장을 나서는데 가슴이 정말 시원했다. 시험을 잘 봐서가 아니라 1년을 버텨냈다는 생각에 후련했다.

마지막 시험을 본 지 2주가 지났다. '밤 12시가 넘었으니 시험 결과가 나왔겠지.' 별 기대 없이 토플 주관사 사이트에 접속해 내 아이디를 쳐 넣고 시험 본 날짜를 클릭했다. 이내 내 시험 점수표가 펼쳐진다. 내 눈을 의심했다. 다시 클릭해봤다. 커트라인을 살짝, 아주 살짝 넘은 점수가 부끄러운 듯 내 눈에 들어온다. 가족들이 자고 있다는 것도 잊은 채 소리쳤다.

"야호! 내가 해냈다. 해냈어!"

얼마 후에 토플 성적과 근무 평가를 합친 결과 국외 훈련 대상자로 선정됐다는 통보를 받았다. 이게 내가 해낸 일인지 실감이 나지 않았다.

이렇게 해서 결국 가족들을 데리고 1년 동안 미국 유학 생활을 했다. 하루 종일 아내, 아이들과 함께했다. 술은 입에도 대지 않았다. 영어 공부를 하고 싶어 하는 아내를 위해 내가 다니는 대학의 영어 교육자 과정을 이수하도록 했다. 요리도 내가 전담하면서 아이들 도시락도 한국식으로 싸줬다. 아내는 완전히 정상으로 돌아왔고 우리 집에는 다시 웃음꽃이 피었다.

미국에 다녀온 지 4년이 지났지만 어제처럼 생생하다. 지금 생각하면 토플 공부하던 내가 고맙다. 아플 때 절망하기보다는 그 속에서 희망을 보려고 애쓴 내가.

다시 내 꿈에 말을 걸다

2014년 말 미국 출장을 끝내고 시애틀 공항으로 갔다. 렌트카를 반납하고 서둘러 티케팅 부스로 달려가 귀국 비행기 티케팅을 했다. 내 좌석은 이코노미 등급으로서 당일 티케팅을 하면서 자리 배정이 된다. 평소 창가 쪽 자리를 좋아하였기에 있는지 물었다. 직원은 창가 쪽 세 자리 중 중간 자리가 비었는데 제일 앞 열의 자리가 어떠냐고 물었다. 평소 이코노미석 제일 앞 열은 다리를 길게 뻗을 수 있어서 선호된다는 말을 들었기에 흔쾌히 그 자리를 달라고 했다.

직원이 자리를 확정하고 티켓을 출력해주는데, 그와 그 옆에 서 있던 직원이 주고받는 미묘한 시선이 검사 경력 10년 넘은 나의 육감에 감지됐다. 내 직감에 의하면 이 두 직원은 뭔가에 크게 안도하고 있었다. 어딘지 수상쩍었지만, 특정 자리밖에 남지 않았는데 내가 컴플레인 하지 않아서 안도한 건가 생각하면서 그 껄쩍지근함을 애써 외면했다. 하지만 비행기에 탑승하고 내 자리를 확인하는 순간 왜 슬픈 예감은 항상 틀리지 않는 것인지 가슴을 쥐어짜야만 했다.

창가 세 자리 중 내 자리를 제외한 두 자리에 이미 주인들이 앉아 있었다. 13시간 동안 나의 여행 친구가 될 사람들을 보자마자 나도 모르게 속으로 '허걱!' 외마디소리를 질렀다. '지금이라도 나가서 표를 무를까?' 하는 생각과 더불어 물렀을 때의 유리함과 불리함을 계산하느라 머릿속이 바빠졌다. 하지만 승무원이 웃으며 다가와 저 자리라고 말하는 순간 승패는 결정되어버렸다. 나는 애써 미소 지으며 짐을 넣고 수상쩍은 두 사람 사이의 자리로 들어가 앉았다. 검사로서의 직감을 믿지 않은 나 자신을 자책하면서.

내 왼쪽에는 덩치 크고 콧수염이 짙은 50대 후반으로 보이는 서양 남자가 앉아 있었다. 출장이나 여행이라고 보기 힘들 정도로 후줄근한 점퍼를 입은 데다 당황스럽게도 일찌감치 하얀 양말을 벗어서 운동화 속에 집어넣어 두고 있었다. 오른쪽 자리의 체구가 작은 아시아계 남자는 유리창에 얼굴을 갖다 붙이고 밖을 보면서 알아들을 수 없는 혼잣말을 계속했다. 서양 남자는 왠지 동양 사람을 우습게 여기고 매너 없이 행동할 것 같았다. 아시아계 남자는 정신

착란증이 있어서 비행 내내 나를 불안하게 하고 잠들지 못하게 할 게 분명했다.

나는 모든 감각을 동원해서 좌우의 소리와 움직임에 극도로 신경을 집중했다. 생존 본능이었다. 잘 들으니 다행히도 아시아계 남자는 바깥을 보며 비행기에 관해서 한국말로 뭐라 뭐라 중얼거리는 것 같았다. 서양 남자는 영자 신문을 펼쳐 들고 읽는데 신문 아래로 맨발가락을 꼼지락거려 여간 신경 쓰이는 게 아니었다. 서양 남자는 그냥 봐서는 성향을 알 수 없어서 간단히 실험해보기로 했다. 화장실에 가는 척 일어나니 그 남자가 입가에 미소를 짓고 신문을 접더니 다리까지 접어서 내가 화장실에 가는 데 불편함이 없도록 해준다. 휴, 그러면 그렇지. 내가 또 혼자 허상을 만들어냈던가 보다.

먼저 서양 남자에게 말을 걸었다. 짧지도 길지도 않은 영어 실력으로 이런저런 얘기를 주고받았다. 보기와 달리 그는 예순세 살이었고 미국 몬태나 주에서 무슨 콩 농사를 짓고 있다고 했다. 콩 농사가 얼마나 돈벌이가 될까 싶어 밭 면적과 수입을 물으니 연 수입이 한국 돈으로 10억 원이 넘는다고 한다. 가을에 추수가 끝나면 할 일이 없어서 매년 동남아시아로 여행을 다녀온단다. 지금은 필리핀에 가는 중으로 인천공항에서 필리핀행 비행기로 갈아탈 거라고 했다. 나는 그의 수입도 부럽고, 추수 후 수개월을 그렇게 즐기는 게 부럽다고 했다. 그는 쉬러 가는 것도 있지만 사실 동남아시아

여러 나라의 불우한 소년 소녀들을 후원하고 있는데 그 아이들을 보러 가는 목적도 있다고 했다. 미국 출장 중 익숙해진 한국 검찰 제도를 설명하려던 나는 머쓱해져서 그 아이들에 대해서 여러 가지를 물어봤다. 그는 나의 관심에 기뻐하면서 자세히 설명해줬다.

밥때가 다 되어 출발했기 때문에 40분 정도 지나자 승무원들이 식사를 주문받고 가져다줬다. 창가 자리의 한국 청년은 나처럼 비빔밥을 주문했다. 잠시 후 비빔밥이 나왔는데, 승무원이 비빔밥 식판을 접이식 탁자에 놓더니 청년의 손을 잡아 식판에 대준다. '아! 이 사람 눈이 안 보이는구나.' 생각하며 같이 온 한국 사람을 찾아 고개를 이리저리 돌려보지만 아무도 신경을 쓰는 사람이 없다. '응? 눈이 안 보이는데 혼자 비행기 여행을?' 나는 좀 놀랐다. 승무원은 식판만 가져다주고 다른 곳으로 가버렸다. 나는 "제가 비벼드릴게요." 하면서 식판 쪽으로 몸을 돌리고, 청년은 고맙다면서 비벼주기만 하면 자기가 먹을 수 있다고 말한다. 나는 국과 반찬 뚜껑들을 연 뒤 밥에 고추장을 넣고 열심히 비빈다. 혼자 먹을 수 있을까 했는데 청년은 걱정 말라며 숟가락으로 밥을 퍼서 연신 입으로 가져간다.

많이 궁금해진 나는 청년이 식사를 마치자마자 어째서 혼자 여행하는지 물어봤다.

그는 스물여섯 살이고 경북에서 부모님과 과일 농사를 짓고 있다고 했다. 어려서부터 눈이 계속 나빠져서 지금은 어둠과 밝음, 코

앞에 있는 사물의 실루엣 정도만 구별하며 1~2년 내에 영구실명될 거라고 했다. 시간이 얼마 남지 않았다고 생각한 그는 5년 전쯤부터 혼자서 외국 여행을 다니기 시작했다. 주로 1박 2일이나 2박 3일의 단기 코스로 다녀온다. 항공사나 여행사에 시간 날 때 전화해서 물어보면 정말 싼 항공권을 안내해주는데 주로 그걸 구입한다. 호텔 예약은 따로 하지 않고 공항에 내린 후 이리저리 물어 근처의 싼 호텔을 찾아간다. 50달러 전후 가격에 1박을 한다. 호텔을 잡은 뒤 대중교통을 이용해 도심으로 들어가 잘 보이지는 않지만 여기저기 다니며 관광을 한다. 미국 여행은 이번이 세 번째고 홍콩, 필리핀 등 동남아시아도 여러 번 다녀왔다.

청년과 얘기하면서 나는 연신 "와!" 하는 감탄사를 내뱉었다. 잘 보이지도 않는데 어떻게 혼자서 여행을, 그것도 외국 여행을 다닌단 말인가? 내가 놀라면서 이것저것 물어보자 그도 신이 나는 듯 여행지에서 있었던 일들을 얘기해준다. 그리고 자신의 꿈을 얘기하는데, 내년 초에는 유럽 여행을 하고 그다음에는 호주도 가고 싶단다. 모든 대륙을 혼자서 여행하는 것이 그의 꿈이다.

청년과 얘기하면서 그가 자신의 현실을 긍정적으로 받아들이는 태도, 꿈을 그리고 가꾸어가는 모습에 적지 않게 놀랐다. 보이지 않음에도 볼 수 있는 사람보다 더 큰 용기를 내는 그가 부러웠다. 사지 멀쩡한 나는 그동안 어떻게 살아왔나? 자연스럽게 나 자신에게 묻게 됐다. "내 꿈은 무엇이었지? 있기는 했던가?"

꿈이 무엇인지 잊은 채 하루하루 일에 매몰되어 사는 내 모습이 떠올랐다. 진짜 생각이 무엇인지 모른 채, 내 의견도 내지 못한 채 이리저리 떠밀려 사는 나답지 못한 모습. 내 꿈의 모습이 도무지 그려지지 않는다. 꿈을 들킬까 봐 어디엔가 숨겨둔 것일까?

하루하루 열심히 버텨내면서 '내년에는 좋은 자리에 가 있겠지.' 또는 '10년 후엔 검사장이 되어 있겠지.' 하는 생각이 내 꿈의 모습으로 자리하고 있었던 것 같기도 하다. 내가 성공이라고 생각하는 것과 꿈이 같은 자리에 있었다. 성공을 위해 오늘 하루 힘든 것을 참으면서 버텨온 것이다. 내 꿈이 무엇인지, 내가 행복해하는 것이 무엇인지 모른 채.

검사 생활 내내 던져진 목표를 달성하기 위해 매일 야근하면서 동분서주했다. 그 과정에서 의미를 찾으려고 노력한 적이 있는지 생각해봤다. 목표라는 욕심을 위해 과정에서 오는 행복을 외면했던 것이다. 그리고 자연스럽게 꿈이라는 것도 잊혀졌다. 이제 생각이 났다. 높은 직위를 얻는 것은 나의 꿈이 아니었다. 내 사무실에서 만난 모든 사람들의 마음에 희망의 씨앗을 심어주겠다, 그 안에서 행복을 찾겠다는 꿈! 그것이 나의 꿈이었다. 나는 내 꿈을 다시 불러오게 됐다.

비행기에 올라탔을 때 승무원들을 원망하던 마음은 온데간데없어졌다. 그들은 덩치 큰 외국인과 시각장애 청년 사이에 누구를 앉게 할까 고민하던 차에 공무원인 데다가 인상 좋은 나를 앉히고 안도했던 것 같다. 지금은 승무원들에게 참 고맙다. 단순한 귀국 비행이 될 뻔했던 시간이 낯선 사람들과 행복한 대화를 나누고 나의 꿈과도 대화하는 시간으로 바뀌었으니 말이다.

비행기가 착륙한 후 미국 농부와 "Good luck!" 인사말을 주고받고 헤어졌다. 나는 자연스럽게 한국 청년의 팔을 잡고 내렸다. 승무원이 다른 승객들을 챙기느라 바쁜 자신들을 대신해서 청년을 옆에서 챙겨주어 고맙다고 했다. 청년은 서울역에서 기차를 타고 대구까지 내려갈 계획인데 지하철 방향 표지가 있는 곳까지만 안내해 달라고 했다. 나는 지하철 안까지 데려다주겠다고 하려다가 그만두었다. 잘 모르는 외국에서도 혼자 잘 돌아다녔는데 여기에서 굳이 내가 그렇게 해줄 필요가 있을까 하는 생각이 들었다.

집으로 가는 공항버스에 올라 의자에 길게 몸을 기대자 문득 이런 생각이 들었다. '그 청년이 비행기 창에 대고 손가락으로 그리고 있었던 것은 그의 꿈이 아니었을까?'

나를 위한 요리

아침에 차를 타고 법무연수원 안으로 들어오는데 청설모 한 마리가 도토리를 입에 문 채 차 앞을 후다닥 지나간다. 그런데 웃는 것 같은 표정이다. 뭔가 신나는 것 같기도 하고. 아마도 먹을 것을 가져다 어린 새끼들에게 먹일 생각을 하니 절로 웃음이 나는가 보다. 내가 새벽이나 주말에 가족을 위해 요리할 때의 그 즐거운 모습과 닮아 있다.

내가 가족을 위해 요리하기 시작한 것은 2011년 미국 유학 생활 중이었다. 잠깐 학교 다녀오는 시간 외에는 하루 종일 가족과 지냈다. 잠깐 어디를 가도 네 식구가 항상 함께 다녔다. 내가 살던 캘리포니아 어바인에는 한인 마트가 두 곳이나 있어서 한식 재료를 사기가 편했다. 하루 종일 아이들과 있어 보니 엄마들이 아이들에게 소리치는 게 이해됐다. 아니, 그 정도만 소리치며 참고 사는 엄마들이 대단하다는 생각이 들었다.

아내가 그동안 바쁜 아빠 대신 아이들을 예쁘게 키워준 것이 고맙기도 하고, 아내도 어바인대학교에서 영어 교육자 과정을 듣게 되어 바빠지자 내가 용단을 내렸다. "여기서 사는 1년 동안은 내가 음식도 하고 집안 살림을 다 하겠다." 이렇게 가족들 앞에서 선언했다. 물론 나도 사람인지라 때때로 그 '용단'을 후회하기도 했으나, 결혼 이후 가장 잘한 선택이 아니었나 싶다.

음식을 하면서 그것을 맛있게 먹어줄 가족들을 생각하며 혼자 웃음 짓는 그 행복한 감정은 겪어보지 않은 사람은 모른다. 음식을 식탁 위에 놓고 아이들을 부른다. 아이들은 이미 음식 냄새로 흥분되어 있는 상태라 정신없이 젓가락질을 한다. 이윽고 "으흠~" 소리와 함께 아이들의 엄지손가락이 '척' 올라간다. 아이들은 이렇게 아빠의 음식에 중독되어갔다. 나도 아이들의 그 반응에 중독되어 헤어 나오지 못했다.

그곳 학교의 점심 급식은 패스트푸드 일색이고 비용도 만만치 않았다. 아이들 건강이 걱정되어 한국식으로 도시락을 싸기 시작했다. 등교 시간이 8시 20분이라 새벽부터 일어나 요리해야 했다. 그러자면 밤에 식재료를 다듬어놓아야 여유가 있었다. 아침에 도시락 반찬으로 오징어볶음, 제육볶음, 닭볶음, 닭다리튀김, 초밥, 김밥, 잡채, 오코노미야키 등 아이들이 좋아하는 것을 부지런히 만들었다. 미국 아이들 앞에서 이런 걸 먹을 때 눈치 보지 않을까 걱정했는데, 아이들은 닭다리 같은 것은 손으로 뜯어 먹어야 맛있다면서 비닐장갑까지 준비해 갔다. 내 걱정과는 달리 미국 아이들이 우리 애들 먹는 걸 상당히 부러워해서 곁에 와서 관심도 표하고 먹어보기도 했다고 한다. 이것저것 재면서 너무 조심스럽게 사는 어른들의 눈으로 보면 신기한 모습이다.

포털사이트 블로그에서 출력해서 요리하는데 아이디어를 찾는 게 녹록치 않다. 그런 내 모습을 안쓰럽게 보던 아내가 하루는 나를 어디로 데리고 간다. 언제 봐놓았는지 한국 책을 파는 서점으로 들어가 한식, 중식, 샐러드 등 요리책 세 권을 골라준다. 나는 이제 우리 집 정식 요리사가 된 것이다. 언제부턴가 아이들이 요리책을 뒤적이다 외친다.

"아빠, 내일은 이거 해주세요!"

직접 하다 보니 요리에 대한 감사함도 생겼다. 예전에는 아내나 어머니가 해주시는 음식을 당연한 것으로 여겼다. 하지만 매 끼니를 챙긴다는 것이 정말 쉽지 않다. 장보기, 식재료 다듬기, 요리, 설거지 등을 하다 보면 우선 무릎이 아프고, 허리, 팔목 등 안 아픈 곳이 없다. 몇십 년 동안 음식을 해오신 어머니들이 정말 대단하다는 생각이 절로 든다. 보통의 희생정신이나 사랑하는 마음으로는 불가능한 일이다. 그동안 고마움을 제대로 표현하지 못하고 살아온 것이 못내 아쉽다.

설거지야말로 인내심이 요구되는 일이다. 뒤치다꺼리로 생각하다 보면 자꾸 미루게 된다. 그런데 약간 마음을 바꾸니 유용한 시간으로 바뀌었다. 설거지하면서 가족과 여행할 계획을 세우거나 유학 논문을 구상했다. 그런데 설거지를 하고 있다는 사실조차 잊게 만드는 생각이 있다. 아이들의 얼굴이다. 아이들의 웃는 얼굴을 생각하면 세상의 귀찮음이나 시름 따위는 다 어디로 가고 없다. 다행히 그곳 부엌 구조는 거실을 보면서 설거지를 하게 되어 있어서 아이들이 노는 모습을 보면서 할 수 있어 더욱 좋았다.

한식당이 없는 곳으로 여행을 갈 때면 밥통과 여러 밑반찬도 따라갔다. 점심, 저녁이야 미국식이나 패스트푸드로 먹더라도 하루 한 끼 정도는 한식이 그립다. 금강산도 식후경이라고, 한식을 먹고 배가 따뜻한 상태에서 하는 관광은 달랐다. 장거리 운전을 하게 될 때는 간단하게 한입에 쏙 들어가는 김밥을 통에 넣어놨다가 하나씩 먹는 맛도 운치 있었다.

식구食口라는 게 이런 것인가 싶다. 입에 뭔가 넣는다는 것은 생존을 위한 필수적인 행위면서 숭고한 작업이다. 우리가 아무거나 입에 넣지는 않는다. 맛있고 좋은 것만 찾는다. 사람은 밖에서 좋은 것을 먹고 있으면 가족이 생각나는 그런 존재다. 음식을 매일 함께 먹는 가족이야말로 나의 희생을 정당화할 만한 숭고한 존재들이다. 그렇기 때문에 요리는 피곤해도 포기할 수 없는 일이다.

미국에서의 요리사 생활 1년이 후딱 지나갔다. 6개월까지는 시간의 흐름을 느낄 수가 없었다. 평생을 여기서 살 것만 같았다. 그런데 절반이 지나가자 이제까지 기어가던 시간이 걷기 시작하고 이윽고 뛰기 시작했다. 10개월이 넘어가자 시간의 흐름을 따라가기가 너무 벅찼다. 귀국하기 전날 밤새워 냉장고를 정리하고 옷가지를 챙겨 귀국 짐을 쌌다. 주위 사람들과 제대로 된 인사도 나누지 못한 채 짐을 가지고 도망치듯 비행기에 탔다. 그곳에서의 추억을 음미하거나 아쉬워할 틈도 없었다.

무사히 귀국하는 비행기에 탔다고 생각하는 찰나 미국에서의 1년이 순식간에 머릿속을 지나간다. 그 1년이 1초도 안 되게 흘러간다.

'아, 내 인생도 이렇게 흘러가겠구나!'

조용한 탄식이 나온다. 지금이야 영생을 살 것 같아도 언젠가 작별을 고해야 한다. 인생이 나에게 정리할 시간이나 제대로 줄지 걱정도 된다. 순간을 허투루 보내선 안 되겠다. 촘촘하게 추억으로 시간을 채우리라고 스스로 약속했다.

하지만 언제나처럼 귀국 비행기에서 한 스스로의 약속은 곧 잊혀졌고, 귀국 후 몇 달 동안은 다시 일에 빠져 지냈다. 언제 미국에서 가족들과 즐거운 시간을 보냈나 싶을 정도였다. 그러다 보니 요리는 다시 아내에게 맡겨졌다. 그런데 내가 견디지 못하겠다. 마음이 공허했다. 아침에 국과 반찬 한 가지를 만들어놓고 출근하기 시작했다. 주말에도 부엌은 전적으로 내 차지가 되었다. 이제야 마음이 꽉 찬 느낌이 들고 살맛이 난다. 아이들이 아빠를 보는 눈에 다시 생기가 돈다.

이제야 깨달았다. 그동안 아내와 아이들을 위해 음식을 만든다고 생각했지만 사실은 나를 위해 요리하고 있었던 것이다. 행복은 주어지는 것이 아니라 내가 만드는 것임을 깨달았다. 앞으로도 순간을 놓치지 않고 내 인생을 맛있게 요리해 나가리라.

아들의 신발 끈을 고쳐 매며

•
•
•

"야, 이 녀석아! 중학교 2학년인 녀석이 아직도 신발 끈을 그렇게밖에 못 매는 거야? 아이고, 속 터져!"

"아빠, 죄송해요. 잠깐만요……."

작년 이맘때 중학생인 아들과 외출하며 현관에서 내가 또 잔소리를 했다. 그러나 아들 녀석은 천하태평이다. 아빠가 뭐라고 하든 그냥 자기 속도대로 천천히, 아주 천천히 신발 끈을 맨다. 아빠 속이야 터지든 말든. 어떻게 신발 끈을 매야 잘 풀리지 않는다고 강의한 횟수만도 열 번은 된다. 그래도 아들은 자기에게 익숙한 대로 어설프게 묶는다.

아빠의 걱정은 두 가지다. 첫 번째는 아들이 뛰다가 풀린 끈을 밟고 넘어져 크게 다칠까 봐 걱정이다. 두 번째는 아들이 신발 끈을 제때 익숙하게 매지 못해 주위 사람들로부터 어설프다는 말을 들을까 봐 걱정이다.

그래서 잔소리인 줄 알면서도 볼 때마다 아들에게 '빨리, 잘' 매라고 닦달을 한다. 내가 아들이라면 이 정도 잔소리를 들으면 더 듣기 싫어서라도 밤 새워 신발 끈 매는 것을 연마할 것 같은데, 아들은 자신만의 슬로 라이프를 추구한다.

아들은 혼나면서도 자신만의 논리를 조심스럽게 밝힌다.

"아빠, 그냥 내버려두세요. 제가 천천히 맬게요. 제가 전혀 못 매는 것도 아니고요. 그리고 언젠가는 잘 매지 않겠어요?"

나는 아무 대꾸 없이 이마를 찌푸린다. 맞는 말이긴 한데……. 사회가 스피드를 요구하고, 일에 대한 평가가 얼마나 냉정한지 잘 아는 나로서는 아쉬움에 여전히 입맛을 다시게 된다. 아들이 중학교 3학년을 거의 마치는 지금 가족들이 함께 외출할 때면 난 아예 아들 신발을 보지 않는다. 급한 성격의 내가 또 분위기 망치는 소리를 할까 봐서다.

아빠가 그렇게 잔소리를 해대도 아들은 아빠에게 대들거나 하지 않는다. 사춘기가 한참 지났을 나이인데도 그저 아빠의 잔소리를 다 듣고 나서 자신의 이야기를 한다. 그런 아들이 신기해서 최근에는 나름대로 심리를 분석해봤다.

아들은 아빠와 엄마에 대한 믿음이 큰 것 같다. 아빠와 엄마가 잔소리를 해도 자신을 미워해서 하는 게 아님을 아는 것이다. 혼나더라도 자신이 받는 사랑에는 하등 영향이 없다는 것을 안다고나 할까. 이런 아들이 한편으로 기특하고 다른 한편으로는 미안하면서 고맙다.

나의 급한 성격은 내 아버지를 닮았다. 아버지는 농사를 지으며 세 아들을 길러냈는데 성격이 불같으셨다. 밑바탕에는 아들들이 제대로 대학에 들어가서 사람 노릇하면서 살길 바라는 마음이 있었을 것이다. 아들들이 공부 안 하고 밖에서 놀다 오면 항상 한마디씩 하셨다. 그래도 우리 삼형제는 학교 다녀오면 마루에 책가방 던져놓고 부지런히 밖에서 놀았다. 언제나 잔소리는 각오했다. 그때는 그 소리가 왜 그리 듣기 싫었는지 모르겠다. 아들들은 그 소리 안 들으려고 열심히 공부해서 지금은 웬만큼 자리 잡고 살고 있다. 고마워할 일이긴 하나 약간의 아쉬움은 남는다.

지금 생각해보면 아버지의 그 잔소리 역시 사랑에 근거하고 있음이 분명하다. 그러나 잔소리 듣기 싫어서, 또는 혼나기 싫어서 하는 공부나 일은 인생살이에 그다지 도움이 못 되는 것 같다. 부모의 비위를 맞추기 위해 공부하는 데 익숙해지면 그것이 그대로 사회생활에 투영된다. 일하는 목적이 나 자신의 가치를 발견하고 스스로 즐거워지기 위한 것이 아니라, 그저 윗사람의 비위를 맞추거나 평가를 좋게 받기 위한 것으로 전락하는 것이다. 실수를 하더라도 당차게 계속 나아가야 배움이 쌓이는데, 그 기회도 놓치게 된다. 남을 의식해서 일하는 것은 안전하기는 하지만 결국 내 인생이 아닌 남의 인생을 살기 십상이다.

그런 맥락에서 보면 아무래도 부모나 직장 상사의 역할은 '그저 믿고 기다려주는 것'이 아닌가 싶다. 리더의 역할은 팀원들이 즐기는 삶을 살 수 있도록, 자신의 진정한 가치를 찾도록 도와주는 것이다. 실수는 성장하기 위한 과정이라고 여기는 조직에서 일하는 직원은 태극마크를 단 선수처럼 조직의 대표로서 자랑스럽게 일할 것이다.

나는 사회인 야구를 7년째 하고 있다. 그동안 선수로 뛰다가 올해 몇 달 동안 감독직을 겸했다. 감독이 되니 선수로 있을 때 느끼지 못한 것들을 보고 느끼게 됐다. 좋은 감독은 선수를 믿고 기다려주는 사람이다. 그리고 선수의 자존심을 살려주는 사람이다. 사실 난 그런 점에서 낙제점을 받아 마땅한 감독이다. 타율이 좋지 않거나 수비에서 실책을 보이는 선수는 곧바로 교체했다. 결국 몇몇 선수가 팀을 떠났고 팀 성적도 떨어졌다.

어차피 야구를 잘하는 사람도 타율이 5할 미만이고 수비에서도 실책을 범하기 마련이다. 한 번 스트라이크 아웃을 당했다고, 한

번 수비 실책을 했다고 교체한다면 그 선수는 야구에 흥미를 잃게 된다. 그리고 무엇보다도 자신의 실수를 만회할 기회를 잃어버리게 된다. 한 번 실수한 선수가 이후에 마음을 다잡고 멋진 수비를 보여주거나 필요한 안타를 만들어내 팀의 승리에 일조하는 것을 종종 본다.

우승하는 팀의 감독은 선수 개개인의 특성을 존중하고, 한번 준 믿음은 웬만해서는 저버리지 않는다. 우선 믿고 쓴다. 믿고 쓰다 보면 선수는 그 믿음에 보답하기 위해 최선을 다해 좋은 결과를 만들어낸다. 우리나라나 미국 메이저리그에서 우승하는 감독은 하나같이 그런 품성을 지녔다.

올해 메이저리그에서 돋보이는 감독이 있었다. 오승환이 속해 있는 세인트루이스 카디널스 팀의 매서니 감독이다. 작년까지 엄청난 활약으로 모두의 신임을 받던 마무리 투수 로젠탈이 올해는 초반부터 엄청난 부진에 시달렸다. 팀의 승리를 날려버리는 블론세이브가 계속됐다. 팬들의 열화와 같은 교체 요구에도 감독은 단번에 오승환으로 마무리 보직을 넘기지 않았다. 팬들이 답답해하는 것이 당연해 보였다.

매서니 감독은 블론세이브를 계속하는 로젠탈을 비난하지도 않았다. 다만 로젠탈이 원래 컨디션으로 돌아올 때까지만 오승환을 기용하겠다는 말만 계속했다. 사실상 오승환이 팀의 마무리가 되었음에도 그는 로젠탈이 여전히 팀의 마무리임을 강조했다.

매서니 감독의 이러한 선수 기용 방식은 일부 팬들로부터 답답하다는 비난을 받지만 선수들에게는 편안함을 준다고 한다. 리더가 팀원을 탓하기보다 우선 믿고 쓰는 일관성을 보이니 선수가 편안함을 느끼지 않을 수 없는 것이다. 전쟁터에서 소대장이 '난 한 명의 소대원도 포기하지 않겠다.'라고 하는 것과 다르지 않다.

이런 신뢰의 야구, 기다려주는 야구 덕분에 내년에 세인트루이스 카디널스는 좋은 성적을 낼 수 있을 것으로 기대된다. 좋은 감독이 이끄는 팀의 경기를 본다는 것은 설레고 기쁜 일이다.

올봄부터 퇴근해서 현관에 들어서면 먼저 아들의 운동화를 살펴보는 버릇이 생겼다. 끈이 풀어져 있거나 느슨하게 죄어 있으면 바로 앉아서 그것들을 고쳐 맨다.

어차피 아들은 머지않아 신발 끈을 단단히 묶는 방법에 익숙해질 것이다. 주위 사람들도 아들의 신발 끈보다는 자신의 일을 묵묵히 해내는 품성을 보려고 할 것이 분명하다. 그냥 믿고 기다리기로 했다.

이제는 아빠의 잔소리에도 굴하지 않고 제 갈 길 가는 아들의 행동을 장점으로 보려 한다. 더 이상 신발 끈에 대해 잔소리하지 않는다. 하지만 소심한 이 아빠는 아들이 신발 끈에 걸려 크게 다치지 않을까 걱정되어 몰래 고쳐 매주기로 한 것이다.

아들이 세상사에 부딪치면서 이런저런 실수도 하고 넘어지면서 많이 배우고 성장하기를 바란다. 그리고 넘어질 때마다 가족의 사랑과 세상의 따뜻함이 있음을 느끼고 안도했으면 좋겠다.

4_
그럼에도
괜찮은
인생

꿈은 마법처럼

"종오야, 너 커서 뭐가 되고 싶으냐?"

"모르겠어."

"그럼 육군 대장 돼라."

"알았어, 그거 될게."

네 살 된 나를 천장 가까이 들어 올리면서 아버지가 말했다. 네 살 때 기억이라고는 외갓집 간다고 혼자 집을 나섰다가 실종된 사건과 이 대화가 전부다. 당시 온 나라를 군인들이 좌지우지하고 있었기 때문에 아버지는 육군 대장 하면 출세한 것이라고 생각했을 것이다. 이렇게 세상이 변할 줄이야 상상이나 했겠는가.

이 대화가 뇌에 각인된 덕분에 고3 때까지 내 꿈은 '육군 대장'이었다. 학교에서 장래 희망을 적는 칸에도 육군 장교가 아닌 육군 대장이라고 썼다. 내가 고등학생이었을 당시에는 문민정부가 들어서서 군인들의 파워가 그리 세지 않았다. 그럼에도 나는 어릴 적 꿈을 고집했다. 꿈 얘기가 나올 때마다 아버지는 당신이 세뇌했던 걸 잊기라도 한 듯 "꼭 군인이 돼야 하겠냐?"고 내게 물었다. 하지만 그 꿈은 쉽게 변하지 않았다.

고1 여름방학 하는 날 서울로 전학 왔다. 농사꾼의 아들로 태어나 처음 도시 생활을 하게 되었다. 아이들에게 내 소개를 하고 자리에 앉는데 저만치 어떤 녀석이 책상에 얼굴을 대고 엎드린 채 나를 빤히 보고 있다. 촌놈을 처음 본 모양이다. 자그맣고 까만 녀석이 전라도 사투리를 써가며 인사하니 신기했을 것이다.

도시의 학교는 달랐다. 여름방학인데도 학교에 나오라고 하고 모의고사도 쳤다. 언젠가는 담임선생님이 교무실로 불러 갔는데 무조건 엉덩이를 대라고 한다. 내가 55명 중 45등을 했단다. 때리면서 하신 말씀이 아직도 생생하다.

"네가 시골에서 얼마나 잘나갔는지는 몰라도 여긴 서울이야. 그 정신 상태로 4년제 대학교에 못 들어가."

그래도 그 선생님이 아직도 고맙다. 정신 차리라며 흠씬 두들겨 패긴 했지만, 앞으로 도시 학교에서 어떻게 생활해야 하는지 자세히 가르쳐주셨다. 전학하면서 제2외국어 과목으로 처음 접한 독일어를 진도에 맞게 따라가려면 무슨 교재로 공부해야 하는지, 우수한 학생들은 어떻게 공부하는지 등.

선생님께 엉덩이를 맞은 덕분인지 고1 여름방학이 끝나고 다시 시험을 쳤을 때 반에서 5등 할 정도로 성적이 올라 있었다. 그런데 그 이상은 잘 올라가지 않았다. 고3이 될 때까지.

희한하게도 고3 때부터 검사가 되기까지 마법 같은 일들이 몇 차례 일어났다. 내 인생을 좌우할 만한 일들이 고비마다 발생했는데, 그때마다 내가 한 일이 맞나 싶을 정도로 신기한 일들이 벌어진 것이다. 지금 생각해봐도 이해가 안 된다.

고3 봄에 모의고사를 봤는데 내가 갑자기 문과 1등을 했다. 왜 그런 결과가 나왔는지 모르겠는데, 아무튼 상당히 기분 좋은 일이었다. 문과에서 1등 한 학생은 3학년 담임선생님들이 모여 계시는 교무실에 음료수를 사 넣어드려야 한다고 해서 말씀드렸더니 부모님이 무척 좋아하신다. 시골에서 올라와 고생하는 보람이 있다면서. 커피와 음료수를 사서 교무실로 들어가는데 나를 잘 모르는 선생님들도 이곳저곳에서 칭찬을 해주신다. 존재감을 느낀 나는 너무 기분이 좋았다. **그 칭찬을 놓치고 싶지 않았다.** 그래서 좀 더 엉덩이를 붙이고 앉아 공부했다. 첫 번째 마법이었다.

수학이 너무 재미없었다. 아니, 싫어했다. 남들은 과외를 받거나 학원을 다닌다고 하는데 집 형편상 남들만큼 해달라고 말하기도 어려웠다. 국어, 영어는 몇 개 틀리지 않는데 수학은 잘해야 반타작이었다. 고3 돼서 수학 점수를 올리자면 엄청난 시간을 투자해야 하는 걸 알았다. 너무 늦은 것이다. 그래서 나 나름대로 작전을 세웠다. 학기 초반부터 암기 과목에 집중투자하자고. 암기하는 것은 정말 자신 있었다. 몇 번 반복하면 교과서나 문제집이 머릿속에 사진 찍히듯 남았다. 사실 수학 시험도 몇 문제씩은 암기해서 맞혔다. 한마디로 나의 장점에 올인한 것이다.

수학을 놓아버린 덕에 육군사관학교 시험은 포기해야 했다. 자연스레 육군 대장의 꿈도 멀어졌다. 그러나 왠지 서운하지 않았다. 내가 만든 꿈이 아니어서 그랬나 보다.

당시 문과에서 경영대가 최고 인기였다. 뭐 하는 곳인지도 모르고 경영학과에 가기로 마음먹었다. 서울 상위권 대학의 경영학과에 원서를 넣고 전기 학력고사를 봤는데 컨디션 난조로 탈락했다. 재수하느냐 후기 대학교에 지원하느냐 갈림길에 섰다.

재수하면 부모님께 부담을 드린다는 생각에 아무 의논 없이 서울 중위권 대학의 후기 원서를 사 들고 바로 담임선생님을 찾아갔다. 오전에 선생님께 원서를 들이밀면서 이 대학의 경영학과를 지원할 테니 도장을 찍어달라고 했다. 선생님은 경영학과는 더 점수 좋은 애들이 지원하기 때문에 떨어질 가능성이 있다고 했다. 무역학과와 영문과도 안 된다고 하는데 갑자기 오기가 발동했다.

"그럼 법학과 써주세요!"

"뭐? 법학과? 안 돼! 여기 법학과는 전기에 서울대 떨어진 애들이 오는 데야. 안 돼!"

"안 되면 재수할 테니 그냥 써주세요."

"이 자식아, 글쎄 안 돼. 안 된다니까!"

고집 세기로는 안安, 강姜, 최崔라고 했던가. 내가 안 씨고, 친할머니가 강 씨, 외할머니가 최 씨다. 그렇게 승강이를 하면서 두 시간이 흘렀다. 이윽고 점심시간. 교무실 구석에서 다른 선생님이 우리 담임선생님을 부른다. 담임선생님이 시킨 떡국이 배달되었단다. 10분 정도 지났을까. 아까 그 선생님이 떡국 식는다고 다시 한 번 재촉한다. 선생님이 벌떡 일어나면서 역정을 내셨다.

"그래, 이 자식아. 법학과 써라, 써! 징한 새끼."

그렇게 떡국 덕분에 서울 중위권 대학교 법학과에 원서를 냈고, 합격했다. 합격 소식을 전화로 확인하자마자 담임선생님께 전화를 드렸다. 선생님은 "봐라, 이 자식아. 내가 된다고 했잖아!"라고 하신다. 좀 웃기긴 해도, 두 번째 마법이었다.

법학과에 들어갔지만 거기서도 무엇이 되겠다는 꿈을 가지지 못했다. 그냥 이리저리 휩쓸렸다. 술과 당구를 배우고, 학생운동도 여러 곳 따라다녔다. 정처 없는 방황의 연속이었다. 암에 걸린 어머니가 병원 생활을 마칠 때까지는 사법시험을 꿈도 꾸지 못했다. 그러던 중 우연히 법대 복도에 붙어 있는 '고시부 자리 배정을 위한 모의고사 시행' 공고를 봤다. 응시했으나 아쉽게도 내 바로 위 등수에서 커트됐다. 그런데 며칠 후 고시부 조교가 나를 부르더니 고시부에 들어오란다. 알고 보니 내 바로 위에서 붙은 친구가 신림동 고시촌에 들어가버려 운 좋게 고시부에 자리가 난 것이다. 거기에 들어가 나를 이끌어주는 좋은 선배들을 만났으니, 세 번째 마법이었다.

사법시험 공부를 시작하긴 했는데 1차 시험을 세 번 연속 떨어졌다. 그러다 또 모의고사를 치렀는데 감기 몸살로 컨디션이 엉망이었다. 마음을 비운 탓에 아무런 긴장 없이 다음 모의고사를 봤는데 그 시험에서 법대 전체 1등을 하는 사건이 발생했다. 지금 생각해봐도 정말 그럴 수 없는 일인데 참 희한했다. 지나가는 사람마다 "와, 대단해. 열심히 하더니 일등 했구나. 이제 진짜 시험에서 붙을 일만 남았네."라고 칭찬해주었다.

나는 칭찬에 정말 약한 존재인가 보다. 그 칭찬을 놓치지 않으려고 의자와 한 몸이 되어 공부했다. 거기에 올해 실패하면 아버지로부터 지원이 끊긴다는 절박함이 더해졌다. 얼마나 시험공부만 했는지 책을 보면 내년에 나올 문제까지 자연스럽게 예상이 될 정도였다.

전화로 1차 시험 합격을 확인하는데 손이 부들부들 떨렸다. '이거 떨어지면 내년에 군대 가야 하는데…….' 생각하고 있는데 수화기 너머로 들려오는 소리. "합.격.하.셨.습.니.다." 이렇게 네 번째 마법을 경험했다.

사법시험 2차는 여덟 과목을 치르는데 무려 네 과목에서 이른바 '운빨'이 작용했다. 시험 전날 선배가 무심코 건네준 자료에서 문제가 출제되는가 하면, 시험 당일 책에 끼워져 있던 메모지가 바닥에 떨어져 그것을 집어 들고 열심히 읽었는데 거기에서 문제가 출제되는 등 거의 운이 좋아 높은 성적으로 합격할 수 있었다. 이렇게 다섯 번째 마법이 내게로 왔다.

이 모든 것이 운이 좋아서, 혹은 마법인 줄로만 생각했는데 노력의 결실이 마법처럼 찾아왔던 것은 아닐까 싶다. 특히 공부 방법론과 관련해서 최근 김상운 작가의 『왓칭2』라는 책을 보고 놀랐다. 거기에 서술되어 있는 성공하는 공부법이 내가 사용했던 공부법과 거의 똑같았기 때문이다. 공부를 잘하기 위해서는 우선 넓고 멀리 보면서 순간의 작은 즐거움을 희생하는 자제력이 있어야 하고, 실패라는 과거의 허상에 매달리지 않아야 한다. 그리고 암기하는 시간의 사이사이 빈 공간을 늘리고, 하루에 여러 과목을 쪼개어 공부하는 것이다. 이것이 마음의 공간을 넓히는 방법이라고 한다. 강성태 작가의 저서 『강성태 66일 공부법』에도 유사한 내용이 있다. 단기기억을 장기기억으로 보내기 위해서는 '간격효과'를 활용하여 최적의 복습주기를 습관으로 만드는 것이 필요하다고 한다.

꿈을 좇던 자에게는 이루어지는 그 순간이 마법처럼 보일 것이다. 내 경우에는 세 가지 노력이 마법처럼 꿈을 이루는 데 영향을 주었다고 본다. 첫째는 꼭 필요한 순간에 '열심히 하는 것'에 대한 칭찬을 들었다는 점이다. 둘째는 직감이 발휘된 덕에 나에게 맞는 방법론을 체화시켰다는 점이다. 셋째는 촌놈이기 때문에 성공해야 된다는, 아버지로부터 경제적 지원이 끊기면 여기서 끝이라는 절박감을 가졌다는 점이다.

이런 마법 같은 일은 나뿐만 아니라 모두가 경험할 수 있다. 각자 가는 길이 다르다 보니 그 마법이 찾아오는 타이밍이나 형태도 다양할 것이다. 그 순간에는 이런 것들이 모두 마법이나 운으로 생각되지만, 결국 온 마음과 열정을 쏟아부었던 것이 원인이 되어 결과를 이루는 게 분명하다. 긍정적인 마음으로 집중하는 모습이 눈부시게 아름다워, 보이지 않는 기운이 잠시 머물렀을 수도 있다. 그래서 마법처럼 보이는 것일 터이다.

'꿈은 마법으로 이루어지지 않는다. 단지 마법처럼 이루어질 뿐이다.'

삶을 버텨낸 당신께 드리는 선물

중학교 1학년이던 어느 날 밤이었다. 술에 취해 집에 들어온 아버지가 할머니 앞에 무릎을 꿇고 앉아 가슴을 쥐어뜯으며 우셨다. 울면서 팔순 노모에게 이렇게 말했다.

"어머니, 저 대학 좀 보내주시지 그러셨어요! 보내주실 수도 있었잖아요!"

아버지는 감정이 복받쳤는지 이 말을 수차례 반복하셨다. 팔순 노모는 그런 아들의 모습을 아무 말 없이 먹먹히 바라보고만 계실 뿐이었다.

아버지는 고등학교 졸업이 최종 학력이다. 졸업 후 군대를 다녀와 어머니를 만나 결혼하고 농사를 지었다. 삼형제를 낳았고 나는 그중 둘째다. 내 기억 속에서 아버지는 서너 살 때를 제외하고는 항상 아들들에게 "공부 열심히 해라. 아버지가 건강하고 지원해줄 수 있을 때 공부해라. 커서 가족 생기면 하고 싶어도 못한다."라는 말을 귀에 못이 박이도록 반복하셨다. 우리 삼형제는 그 말을 한 귀로 듣고 한 귀로 흘려보내고는 학교에서 돌아오자마자 가방을 마루에 던져놓고 밖에서 하루 종일 놀다 들어오곤 했다. 그런 날은 역시 아버지로부터 큰 꾸지람을 들었다. 나는 속으로 '아버지는 왜 자식들에게 공부하라는 얘기밖에 안 하실까?' 생각했다. 지금 돌아보면 그토록 공부하고 싶어도 하지 못했던 아버지의 한이 담긴 교훈이었지만, 나는 단순히 잔소리로만 여겼던 것이다. 그런데 아버지가 술을 마시고 할머니에게 하는 말을 들으니 그동안 왜 자식들에게 공부 열심히 하라는 말을 하셨는지 어렴풋이 알게 되었다. 아버지보다 열 살 많은 큰아버지, 네 살 어린 작은아버지는 모두 대학을 졸업했다는 사실을 나중에 알게 되었다. 일제강점기에 머리에 온갖 것을 이고 다니면서 물건을 팔아 재산을 마련했던 할머니는 자식들 공부에 상당히 공을 들이셨다. 그런 할머니가 아버지만 대학에 보내지 않은 것은 쉽게 이해되지 않았다. 아버지가 대학에 들어갈 무렵 집안 형편이 좋지 않았기 때문이라고 추측되지만, 할머니는 아버지에게 이유를 말씀해주지 않은 채 묵묵히 그 원망을 감당하셨다.

할머니는 다른 마을에 있는 큰아버지 집에 사시면서도 유난히 우리 집에 자주 오셔서 며칠씩 주무시곤 했다. 아버지도 할머니 좋아하시는 빵을 수시로 사서 선반에 두어 잡수시게 했다. 또 할머니가 좋아하는 망둥어회를 대접하기 위해 새벽에 자전거를 타고 멀리 낚시를 다녀오시곤 했다. 평소 서로를 위하는 모습을 보았기에 아버지가 할머니를 원망하는 장면은 나를 놀라게 했다.

친구분들 말에 따르면 아버지는 중고등학교 때 최상위권 성적을 유지했고 지금의 학생회장 격인 연대장까지 하셨다고 한다. 대학에 진학하지 못한 아버지는 제대 이후 농사에서 희망을 보았다고 했다. 아버지는 기존의 농사 방법이 아니라 신기술을 공부해서 농사를 지었다. 신품종이 나오면 적극적으로 논에 뿌렸다. 그리고 새벽에 일어나 식사 시간을 제외한 거의 모든 시간을 논과 밭에서 지냈다.

아버지는 10원짜리 하나 허투루 쓰지 않고 저축했다. 그렇게 모은 돈으로 몇 년 간은 거의 매해 논을 사들였다. 동네에서 열 손가락 안에 들 정도로 많은 논을 소유하게 되었지만 그만큼 아버지는 논에 매여 살아야 했다. 그러다 보니 내가 중학생 때는 아버지가 아침에 코피를 흘리는 날이 많았다. 특히 가을 추수기에는 탈곡기를 가지고 우리 논뿐만 아니라 남의 논까지 다니면서 일을 하셨다. 어머니는 아버지의 체력이 예전 같지 않다며 걱정하시곤 했다.

할머니가 돌아가시고 1년 후부터 혼자서 고민하는 아버지의 모습을 자주 보았다. 식사를 하면서도 한숨을 쉬고 논에 다녀오면서도 안색이 좋지 않았다. 워낙 자식들한테 엄격하셔서 함부로 다가가 물어보기도 어려웠다. 우린 그냥 눈치만 보면서 지냈다. 그러던 어느 날 아버지가 가족들한테 갑자기 "우리 서울로 이사한다!"라고 선포하셨다. 우리는 아버지가 왜 그동안 고민했는지 알게 되었다. 아버지는 시골에서 계속 농사를 짓는다면 어떻게든 먹고는 살겠지만 당신의 체력이 견디지 못할 거라고 생각하셨던 것이다. 무엇보다도 더 늦기 전에 자식들을 큰물에서 공부 시켜야겠다고 마음먹은 아버지는 마흔네 살에 한 번도 살아보지 않은 서울로 처자식을 이끌고 이사를 했다.

아버지가 자식 삼형제를 낳고 19년을 산 고향을 뒤로한 날을 나는 명확히 기억한다. 시골집에서 나온 이삿짐은 정말 보잘것없었다. 쥐가 갉아 먹은 장롱은 버렸고, 장이 담긴 장독을 가득 싣고 서울로 올라왔다. 전세로 들어간 주택의 2층으로 짐을 옮기는데 이웃들이 구경을 나올 정도로 시골집에서 가져온 이삿짐은 신기하게 비춰졌다. 아버지는 이사하기 전에 미리 시골의 집과 전답을 모두 처분하셨다. 조금이라도 남겨두면 미련이 생길 수 있다고 생각했기 때문이다. 대도시에서의 생존을 위해 배수의 진을 친 것이다.

지금 내 나이가 당시 아버지와 같은 마흔넷이다. 나라면 과연 아버지처럼 과감한 결단을 할 수 있을까, 서울 한복판에서 느끼는 두려움의 크기는 어느 정도였을까, 나라면 감당할 수 있을까.

하루는 아버지께서 책을 잔뜩 사 오셨다. 우리는 도시 학교에 적응하느라 바빴기 때문에 그게 무슨 책인지 잘 몰랐고 관심도 없었다. 아버지는 1년 반을 직업 없이 지내셨다. 집에서 책을 보거나 책을 들고 밖에 나갔다 오곤 하셨다. 이사 후 좋아졌던 아버지의 얼굴은 언제부턴가 다시 어두워지기 시작하였다. 뭔가에 긴장하고 쫓기는 듯한 분위기가 감지되었다. 어머니와 우리 삼형제는 아버지의 그런 모습이 걱정되었지만 애써 모른 척 지냈다.

어느 날 아버지가 술에 거나하게 취해 들어오셨다. 그런데 얼굴이 활짝 피어 있었다. 얼마나 기분이 좋던지 현관문을 들어서면서 "영이야!, 영이야!"라고 어머니의 이름을 크게 불렀다. 그리고 어머니 얼굴을 양손으로 잡고 입을 쪽 맞췄다. 아버지는 기분 좋은 일이 있으면 어머니 이름을 부르는 습관이 있다. 아버지는 우리 삼형제 이름을 일일이 부르더니 "이 녀석들아, 오늘 공부 열심히 했냐? 아빠 오늘 기분 너무 좋다. 기분 좋아!" 하고는 어머니와 안방으로 들어갔다. 우리는 왜 그러는지 궁금해서 두 분의 대화를 엿들었다. 아버지는 그 어렵다던 4회 공인중개사 시험에 당당히 합격하신 것이었다. 아버지는 "이제 이놈들 여기서 대학 보낼 수 있게 되었다!"며 정말 좋아하셨다. 당시 시골 전답을 판 돈이 생활비로 거의 소진되고 있었는데, 자식들을 가르칠 수 있는 희망이 생긴 것이다. 자식들을 공부시키기 위해 고등학교를 졸업한 지 25년 만에 공부로 인생 승부를 본 것이다.

우리 아버지는 가족만 생각하는 억척 아버지다. 가족을 위해 과감한 결단을 하고 자신을 벼랑 끝으로 몰아 승부를 보는 용기 있는 사람이다. 우리 삼형제에게 그런 아버지의 모습은 정말 크고 대단한 것이었다. 일류 대학을 나온들, 박사 학위가 있다 한들 이런 삶의 반전을 만들어낼 수 있을까. 아버지의 승부수 덕분에 우리 삼형제는 소위 일류 대학까지는 아니지만, 시골에서 늦게 올라온 것 치고는 괜찮은 대학에 들어갔다. 아들들은 공무원, 의사, 사업가로 성장하였다. 그러나 나는 자신이 원하는 시점에 가족을 위해 삶에 긍정적인 변화를 주고 역경을 이겨낸 아버지야말로 성공했다고 말하고 싶다.

그런 아버지가 어느덧 일흔세 살 노인이 되어 손자들 재롱에 즐거워하며 웃고 계신다. 이런 모습을 보노라면 세월이란 놈이 아버지에게도 불어닥쳤음을 느낀다. 문득 아버지의 뒷모습을 보니 예전에 익숙했던 강함과 억셈은 찾아볼 수 없다. 뭐랄까, 아련함? 아니, 서글픔이라고나 할까. 아버지가 이제는 아무리 호통을 쳐도 하나도 무섭지 않을 것 같다.

아버지는 요즘 부쩍 중년에 접어든 자식들에게 이런 말씀을 하신다. "내가 늙는 건 괜찮은데 자식들 머리가 희끗해지는 것을 보니 서글프다."

자식들이 어려운 세상을 잘 살아내고 버틸 수 있는 것은 부모로부터 받은 사랑 덕분이라고 생각한다. 자식으로서 그 사랑을 조금이라도 갚아드리고 싶은데 부모님의 인생 걸음걸이가 너무 빠른 것 같다.

아버지와 함께 국내 각지는 물론이고 유럽 여행도 가고 싶고 승용차도 사드리고 싶다. 자식들 뒷바라지하느라 누리시지 못한 것들을 힘껏 해드리고 싶다. 그런데 아버지는 중증 당뇨병을 앓고 계셔서 멀리 움직이면 몸에 무리가 온다. 이제는 운전도 힘드시다. 그래서 집 근처 산책 정도가 아버지가 움직일 수 있는 최대 반경이 되었다.

어릴 적 공부방에서 아버지가 사용하신 듯한 오래된 원고지를 본 게 생각난다. 아이들을 낳고도 꿈을 이루기 위해 뭔가 시도하였으나 아마도 처자식이라는 삶의 무게에 눌려 꿈을 내려놓았을 것이다. 아버지는 중고등학교 때 글을 잘 써서 국문과에 가려 했다고 한다. 아버지가 묻어두었던 글쓰기 능력을 발휘하여 당신만의 스토리가 담긴 에세이를 출간하도록 해드리고 싶다. 인생을 오롯이 버텨낸 아버지에게 삶의 선물로 드리고 싶다. 직접 쓰시는 게 힘들면 아버지는 말씀만 하시고 내가 받아쓰는 것도 좋을 듯하다. 책쓰기를 통해 다시 패기 넘치는 젊은 아버지의 모습을 볼 수 있기를 소망한다.

먼 훗날, 아주 먼 훗날, 아버지가 할머니와 다시 만나게 되면 할머니를 껴안고 “엄마 덕분에 한세상 잘 살고 왔어요. 감사해요.”라고 인사를 건넬 수 있다면 좋겠다. 그 모습이 젊은 엄마와 어린 아이의 모습이면 더욱 좋을 것 같다.

나를 지켜준 건
언제나 가족

결혼한 지 16년 됐다. 이 글을 쓰면서 나도 그 사실에 깜짝 놀라고 있다. 아이들이 중3, 중1이니 그럴 만도 하다. 아이들이 어느새 내 키만큼 자랐다. 내가 아이들에 대해 갖고 있는 이미지는 서너 살 아기인데 현실의 아이들은 어른이 다 됐다.

어느 남자나 그런 생각을 갖고 있겠지만 아내와 아이들한테 미안하기 그지없다. 남편이 필요할 때 함께 해주지 못했고 아빠를 찾을 때 한달음에 달려와 주지 못했다.

가족을 데리고 처음 지방 생활을 한 게 10년 전이다. 전라북도 정읍지청에서 2년간 근무했다. 아이들이 다섯 살, 여섯 살이었다.

제일 귀여울 때, 귀염을 떨 때였다. 그런데 철딱서니 없는 아빠는 일해야 한다는 핑계로 거의 매일 야근을 했고 야근이 없을 때면 회식을 했다. 집에 들어가면 아내는 아이들을 돌보느라 지쳐 쓰러졌고 아이들은 잠들어 있었다.

주말에는 가족 모두 차를 타고 주변 명소를 즐기곤 했으나 큰 추억거리로 남아 있지는 않다. 그 수많은 일상을 추억으로 채우지 못했는데 가끔 하는 이벤트가 무슨 소용이 있겠는가. 행복은 일정 시점의 얘기가 아니라 매일 살아가는 일상의 상태에 대한 얘기라는 것을 뒤늦게 깨달았다.

정읍지청을 떠나 수도권 검찰청으로 옮긴 후에도 나도 모르게 시간만 나면 가족을 데리고 정읍으로 향했다. 적어도 계절에 한 번씩은 간 것 같다. 아내는 왜 이렇게 정읍에 가냐고 물었지만 그때는 왜 그런지 대답을 못했다. 몇 년 후에 그것을 깨달았다. 정읍이 좋았기 때문이기도 했지만, 무엇보다도 그곳에서 가족들과 많은 추억을 만들지 못한 아쉬움 때문이라는 것을.

사람이란, 특히 남자란 그런 존재인가 보다. 다 지난 후에 아쉬워하며 시간을 돌리고 싶어 하는 그런 우매한 존재. 다시는 그런 후회를 하지 않으리라 다짐하며 살지만 여전히 뒤돌아보면 아쉬움이 크다.

아내와 아이들 몰래 정읍 시절 사진을 보는 시간이 많다. 그 사진들을 보고 있노라면 몇 안 되는 소중한 추억이 시골의 풍경과 함께 떠오른다.

당시 나는 지청의 수석검사로서 기획 업무하랴, 선거 사건 수사하랴 눈코 뜰 새 없이 바빴다. 하루는 밤에 퇴근하다가 계단에서 발가락을 접질려 발 앞부분에 힘을 주지 못하고 뒤뚱거리며 걷게 됐다. 그다음 날 아침 침대에 누워 있는데 아들, 딸이 거실에서 자기들끼리 뭐라고 의논하고 깔깔대는 소리가 들린다. 그리고 잠시 후에 내복만 입은 두 놈이 쪼르르 오더니 발뒤꿈치로 뒤뚱거리면서 말한다.

"아빠, 발가락 아프니까 이제 이렇게 걸어요. 아빠, 알았죠?"

정읍에 있을 때 아내가 몸이 안 좋아서 저녁에 요가 학원에 다닌 적이 있다. 그래서 아이들을 내가 보게 됐다. 검사실 옆에 딸린 집무실에서 저녁을 시켜 먹고 일을 좀 하다가 함께 퇴근하곤 했다. 그런데 하루는 저녁 직후 피의자를 조사할 일이 있었다. 사건 피의자가 거짓말을 하고 있었는데 자백을 할까 말까 망설이는 것 같아서 저녁 후에 계속 조사하기로 했다.

아이들을 집무실에 둔 채 검사실에서 피의자를 조사하고 있는데 집무실 쪽 창문의 커튼이 빼꼼 젖혀지더니 검은 눈동자 네 개가 반짝이며 이쪽을 본다. 잠시 후 집무실 문이 열리고 아이들이 성큼성큼 다가오면서 "아빠, 무서워요. 어서 오세요!" 한다. 다시 집무실에

다 넣어놔도 몇 번이고 반복하니 피의자도 웃고 나도 웃고. 그날은 조사를 접고 그냥 집에 일찍 들어갔다.

정읍에서의 마지막 겨울이었다. 눈이 1미터도 넘게 왔다. 그 기회를 놓치기 싫어서 아내와 아이들을 차에 태우고 정읍지청 앞마당과 뒷마당을 달렸다. 마치 영화 「러브스토리」의 한 장면처럼 눈 위에 우리 가족의 추억을 새겨넣고 싶었다. 그러나 영화는 영화고 현실은 현실이었다. 차가 눈에 빠져서 움직이지 않았다. 바퀴가 제자리에서 헛돌았다. 처절한 현실로 돌아온 나는 삽을 찾으러 여기저기를 돌아다녔다. 허벅지까지 쌓인 눈 속을 말이다. 하늘의 도움이 있었는지 그 깊은 눈 속에서 삽을 찾았다. 겨우 차를 빼내어 안전한 곳에 세운 뒤 눈싸움을 했다. 사진기로 몇 컷 찍기는 했는데, 굳이 사진을 찾아보지 않더라도 내 뇌에 고화질로 각인되어 있어 언제든 꺼내 볼 수 있다.

이렇게 정읍 시절 얘기를 줄줄이 써대는 걸 보니 여전히 그 시절이 아쉬운가 보다. 안 그래도 혼자라도 올 가을 정읍에 다녀올 생각이다.

요즘엔 가족들과 길을 걷다 보면 아이들이 아내를 사이에 두고 서로 팔짱을 끼고 간다. 아빠는 그저 뒤에서 바라만 볼 뿐이다. 엄마와 아이들이 웃는 모습을 보면 서운함보다는 즐거움을 느낀다. 아이들이 어른이 되면 아빠를 생각하는 마음이 지금의 나와 같을 것이다. 아빠와의 추억을 떠올리면서 미소 지어주면 좋겠다. 나는 부지런히 아이들을 위해 행복을 물어다 주려고 한다. 하지만 성인이 된 후에 아이들이 자기들 세상으로 날아간다고 해도 서운하진 않을 것 같다.

자식들이야 언젠가는 둥지를 떠나겠지만 항상 내 옆을 지켜줄 아내에게는 그래서 더욱 미안하고 고맙다. 우선 믿어주고 본다는 것이 쉽지 않은데, 남편이 하는 일에 언제나 신뢰를 보낸다. 그리고 언제나 마음 한 부분을 비워두고 나를 초대한다. 남편이 그 자리로 오든 말든 한결같다. 인생의 동반자란 바로 이런 것일 듯싶다.

이런 고마운 가족을 위해 스스로 약속해본다. 이제부터 '언젠가'라는 단어를 내 마음에서 몰아낼 것이다. 일을 핑계로 오늘의 행복을 미래로 미루어왔다. 오늘을 희생하면서 미래를 위한 거창한 선물을 준비할 것이 아니라, 오늘 그리고 내일 소소한 선물들을 매일 안겨주어야겠다. 그리고 가족을 위해 조금 더 용기를 내어 일과 가정을 조화롭게 할 것이다. 일을 핑계로 가정을 소홀히 하는 우를 더 이상 범하지 않겠다.

인생에서 마흔이 넘었다는 것은 더 이상 '초보 인생'이라는 변명을 할 수 없음을 의미한다. 지금까지는 좀 어설퍼도 초보려니 했지만 이젠 그런 핑계로 내 자신을 용서할 수 없을 것 같다. 내 얼굴과 내 인생에 진지한 책임을 질 때가 됐다.

내가 가장으로서 가족을 지켜준다고 생각했지만 막상 살아보니 가족이 나를 지켜주었음을 알겠다. 가족은 나에게 공기와 같다. 단 몇 분이라도 존재하지 않는다면 나 역시 존재하지 않을 것이다. 나와 기쁨과 슬픔을 같이하고 일상을 같이하는 가족은 바로 나 자신이다. 아니, 어쩌면 나보다 더 지독한 나일지도 모르겠다.

앞이 안 보이는 날

검사실 문이 열리면서 실무관과 공익요원들이 웬 박스들을 줄줄이 손수레에 싣고 들어온다. 나는 별생각 없이 실무관에게 물었다.

"뭐예요? 복사 용지예요? 좀 많이 가져오네요."

"아뇨. 검사님, 이거 재기수사명령 사건인데요, 오늘 우리 방에 배당됐어요. 이게 다 한 건이에요. 저쪽에 아직 박스가 더 있어요."

그러고도 수레 한가득 쌓인 박스들을 몇 차례 더 가져온다. 검사실에는 둘 곳이 없어서 옆방 집무실 빈 캐비닛 몇 개에 겨우 넣었다. 총 52박스다. 안 그래도 에어컨도 제대로 돌아가지 않아 더워 죽겠는데 머리에 끓는 물을 붓는 격이다. 지금도 캐비닛 속에는 빨리 꺼내어 봐달라고 아우성쳐대는 기록들이 몇 건이 있는지 모른다. 정신 바짝 차리지 않으면 뜨거운 아스팔트를 달리는 트럭의 재생 타이어처럼 펴져버릴지도 모른다는 생각에 자리에서 벌떡 일어나 정신없이 그 기록을 봤다.

어느 큰 시장의 상가 관리 법인이 해온 10년간의 상가 공사, 상가 관리, 회계 관련한 일체 사무에 대해 횡령, 배임, 사기로 고소한 사건이다. 사건을 처음 배당받은 검사가 전부 무혐의 처분을 했는데, 고소인이 항고하자 고등검찰청에서 고소인의 항고가 이유 있다면서 다시 수사하라고 명한 것이다. 그런데 그 사건이 하필 나에게 배당되었다.

이런 사건들은 공소시효가 문제될 수 있다. 수사를 지체하다가 공소시효를 도과하면 수사검사에게 일정 부분 책임 추궁이 있을 수도 있다. 역시나 수많은 혐의 사실 중 몇 개는 이미 공소시효가 지나버렸고, 다시 몇 개는 한두 달 내에 공소시효가 지날 수 있는 상황이었다. 마음이 급했다.

그 사건 기록을 모두 읽는 데 꼬박 사흘이 걸렸다. 조사하고 확인할 부분이 보였다. 시일이 촉박하다 보니 수사관에게 다 맡길 수 없어서 나도 함께 조사에 나섰다.

10년 동안 있었던 일을 조사하려니 서류상 미비한 부분은 사람의 기억으로 메울 수밖에 없는데 다들 연세가 있는 분들이라 명확한 것이 별로 없다. 어떤 사람은 이 세상에 없고, 현재 어디에 사는

지 알 수 없는 사람도 있다.

조사해야 할 것은 많은데 진척이 더디고 기록은 산더미처럼 사람을 누르고 있으니 탈출구가 없는 갱도에 갇힌 꼴이다. 무심코 창문을 쳐다보니 창문마다 쇠창살이 일정 간격으로 가로질러 있다. 내 마음을 구속하고 있는 장치 같다. 사실 그 쇠창살은 조사받다 창밖으로 뛰어내리려는 사람을 보호하기 위한 것이다. 그런데 오늘 보니 그 쇠창살이 반드시 조사받는 사람만 보호하려는 게 아니라는 생각이 든다. '오늘의 나처럼 사람이 막다른 길에 몰리면……'까지 생각하다가 고개를 절레절레 흔들고 다시 기록에 집중했다.

저녁 무렵 갑자기 머릿속이 하얗게 되더니 앉은 상태에서 휘청하는 것을 느꼈다. 말로만 듣던 '직무 탈진'인가 보다. 그러고 보니 그 사건이 우리 사무실에 온 뒤 한 달 가까이 사람 조사와 기록 검토에 매달려 있었던 것 같다. 그때 구세주 같은 우리 부의 부부장님이 문을 조금 열고 고개를 들이밀며 말씀하신다.

"안 수석! 안 수석 좋아하는 팥죽 먹으러 갑시다. 그렇게 일만 하면 죽어요!"

부부장님은 며칠 동안 내가 사무실에서 나오지도 않고 얼굴이 잔뜩 굳은 채 일만 하는 것을 보고 구조대를 급조한 것이다.

우리 부의 검사 다섯 명과 함께 청사 가까이 있는 팥죽집에 갔다. 이 얼마 만인가. 식당에 들어서는데 구수한 팥 냄새가 사람을 무장해제시킨다. 나보다 나이 많은 차석검사가 삐죽댄다.

“우리 오죽선생님이 그동안 얼마나 여길 오고 싶으셨을까요?”

그렇다. 우리 부에서 내 별명은 ‘오죽선생’이다. 누가 나한테 뭐 먹고 싶냐고 하면 언제나 내 대답은 한결같다. ‘팥. 죽.’ 그러다 보니 후배들이 내 이름의 ‘오’ 자에 ‘죽’ 자를 붙여 내 별명이 ‘오죽선생’이 되어버렸다. ‘오직 죽’이라는 의미도 되니 딱 맞는 별명이었다.

같은 부 검사들하고 시시콜콜한 얘기를 하면서 웃다 보니 사건은 멀리, 우주 저 멀리 날아가버린 것만 같았다. 세상사 별거 아니라는 생각도 들고 사건을 대하는 여유와 에너지가 새로 충전됐다. 역시 좋은 동료는 이런 것인가 보다. 자신도 힘들지만 더 힘들어하는 동료에게 잠시의 시간과 마음을 내어 주는 것. 그리고 보이지 않는 응원과 격려를 주는 것.

팥죽을 먹고 사무실에 오니 내 팥죽 사랑의 기원인 어머니 생각이 났다. 시골에서 억척스럽게 농사와 살림을 도맡아 하셨고 열흘에 한 번씩은 팥죽을 끓여 내셨다. 어머니는 팥죽을 끓이기 전에 항상 나에게 “종오야, 오늘 팥죽 먹을까?”라고 물었고, 그럼 나는 언제나 뛸 듯이 기뻐했다. 사실 팥죽을 별로 안 좋아하는 가족도 있었기 때문에 어머니는 응원군 내지는 핑계를 찾았던 것 같다. 팥죽을 끓일 때면 난 부뚜막 솥단지 옆에 앉아 팥물이 솥바닥에 눌어붙지 않도록 나무주걱으로 부지런히 저었다. 팥죽 맛을 본다면서 솥단지 옆에 앉아 미리 한 대접을 흡입해버린다. 그리고 온 가족이 먹을 때 또 한 대접을 먹는다. 좀 과장해서 한 세숫대야씩은 먹은 것 같다.

어머니는 팥죽을 끓이면 뜨끈한 상태로 큰 주전자에 한가득 담으셨다. 그리고 나를 또 찾으셨다.

"종오야, 이거 외갓집에 가져다드리고 오너라."

외갓집과 우리 집은 2킬로미터 떨어져 있었다. 그 심부름은 언제나 내 몫이었다. 자전거 핸들을 한 손으로 잡고 다른 한 손에는 무거운 주전자를 들고 농로 위에서 힘차게 페달을 밟았다. 외할머니, 외할아버지는 언제나 "우리 강아지 왔는가?"라며 머리를 쓰다듬고 마르고 거친, 하지만 따뜻한 뺨으로 내 뺨을 부비셨다. 그리고 밭에 있는 딸기나 옥수수를 한가득 따주시기도 하고 용돈도 쥐여주곤 하셨다. 언제나 그 따뜻함이 좋았다. 팥죽의 따뜻함도 좋았고, 할아버지, 할머니의 따뜻한 손과 뺨의 감촉도 좋았다.

어느 비가 많이 오는 여름 저녁이었다. 어머니는 또 팥죽을 끓이셨다. 왠지 모르게 팥죽은 비 오는 날 먹으면 제격인 것 같았다. 비가 많이 오고 땅이 질어서인지 어머니는 외갓집 다녀오라는 소리를 선뜻 못하셨다. 내가 눈치채고 다녀오겠다고 했다. 우비를 뒤집어쓰고 한 손에 자전거 핸들을 잡고 다른 손에는 주전자를 쥐었다. 주전자에는 빗물이 들어가지 않도록 비닐로 단단하게 막음을 했다.

저녁 어스름 무렵 장대비에 앞도 잘 보이지 않고 땅도 질퍽거렸다. 그런데도 용케 넘어지지 않고 외갓집에 무사히 도착했다. 할머니, 할아버지가 이 비에 왔냐면서 깜짝 반기신다. 다시 한 번 할머니, 할아버지의 온기를 느낀 다음 인사를 드리고 자전거에 올라탔다. 두 분은 손자 걱정에 비를 맞으면서도 동구 밖까지 배웅을 나오신다. 저만치 간 후에 뒤를 돌아보니 빗줄기 사이로 두 분의 모습이 아른거린다. 어릴 적 기억 하면 짙게 떠오르는 장면 중 하나다. 지금 가보면 어른 걸음으로 몇 걸음 안 되는 거리였는데 그때는 왜 그리 멀어 보였는지.

잠시 따뜻한 팥죽으로 몸을 데우고 따뜻한 추억으로 마음을 덥히니 몸이 한결 가볍고 눈이 청명해진다. 사건과 거리를 좀 두었다가 다시 대하니 훨씬 친절하게 나에게 다가오는 것 같다. 사건에 녹아 있는 수십 명의 인생에 따뜻한 애정을 품었다면 사건도 나에게 마음을 일찍 열지 않았을까. 사건이 편해지니 일사천리로 정리가 된다. 자정을 넘기긴 했지만 약간만 보충해서 결정하면 될 정도가 되었다. 캐비닛을 정리하고 일어섰다.

아까까지만 해도 오늘 하루가 마치 단단하고 완고한 벽처럼 느껴졌었다. 그러나 벽은 내가 따스한 눈길로 바라보다가 한 걸음 다가서니 문을 열어주었고, 나는 그 문을 통과하면 되었다. 벽을 부수려고 안간힘을 쓸 필요가 없다. 토닥이며 지나가면 된다. 한 치 앞도 보이지 않던 오늘 오죽 선생의 자전거는 온기를 싣고 다시 잘 굴러가기 시작했다.

믿어줘서 고마워요

•
•
•

민원실에서 나를 찾는 전화가 온다.

"검사님, 할아버님 한 분이 진정인이라면서 검사님과 면담하고 싶다 하시는데 올려 보내도 될까요?"

"어떤 사건이죠? 진정 사건 번호 좀 알아봐 주세요."

민원실 직원이 불러주는 진정 사건 번호로 얼른 사건 검색을 해보니 진정서 내용이 민사사건에 대한 것이어서 조사 없이 종결했다고 나온다. 이런 민원인은 올라오라고 해봐야 해줄 것이 없다. 그냥 시간과 에너지만 뺏길 텐데 안 올라왔으면 좋겠다.

"이미 종결된 사건인데 그냥 가시라고 하면 어떨까요? 조사하고 있어서 바빠요."

"검사님, 안동에서 올라오셨대요. 할아버님이 꼭 검사님 만나서 얘기하고 싶으시대요."

진정인의 인적 사항을 보니 90세로 나온다. 아흔 살 노인이 그렇게 멀리서 찾아왔는데 말씀이라도 들어드려야 할 것 같아 올라오시라고 했다.

검사실 문이 열리고 할아버지가 들어오시는데 신선인 줄 알았다. 상의와 하의 모두 하얀 모시옷을 입었고 흰 머리에다 긴 수염을 하얗게 늘어뜨린 모습이었다. 손에는 손수건을 들고 연신 얼굴의 땀을 닦고 계셨다. 자리에서 일어나 할아버지를 소파로 안내했다.

"할아버지, 전화 주셨으면 설명해드렸을 텐데요. 더운데 직접 올라오셨어요?"

"검사님, 늙은 제 실수로 당뇨병에 걸린 환갑 넘은 딸이 길바닥에 나앉게 생겼어요. 검사님이 좀 도와주십시오."

할아버지의 사건은 이랬다. 할아버지의 딸은 예순네 살로 임대아파트에 살고 있었는데, 일정 기간이 지나 분양 전환해서 소유권을 취득할 수 있게 되었다. 그런데 할아버지, 할머니 부부가 사는 아파트를 그 딸의 명의로 해놓은 것이 발견되어 A공사는 분양 전환을 해주지 않았다. 오히려 그 딸에게 임차 기간이 다 되었으니 나가라며 명도 소송을 제기해 승소했다. 왜 할아버지가 자신의 아파트를 딸의 명의로 해놓았는지는 말씀해주시지 않아 잘 모르겠으나, 아마도 수입이 없는 노인분들이 구청으로부터 생계 지원을 받기 위해 그런 것이 아닌가 추측되었다. 할아버지도 소송에 증인으로 출석하여 딸은 명의상 소유자에 불과하며 실제로는 무주택자라고 진술했는데 법원에서 받아들여주지 않았다고 한다.

할아버지의 하소연을 30분 넘게 듣는데 그분 입장에서는 참으로 억울하겠다는 생각이 들었다. 힘없는 노인이 역시 늙어 아무런 대책을 세울 수 없는 딸을 걱정하는 모습이 심금을 울렸다. 더구나 모든 책임이 자신에게 있다고 자책하는 모습에 뭐라도 해드려야 될 것 같은 생각이 들었다.

"할아버지, 우선 집에 돌아가 계세요. 제가 방법을 찾아보긴 할 텐데요, 이 사건은 수사로 해결할 수 있는 사안은 아니에요."

할아버지는 이 말을 듣고 뛸 듯이 기뻐하신다. 문 앞까지 배웅을 하는데 그 걸음걸이가 들어올 때와 달리 가볍다. 모시 적삼이 바람에 기분 좋게 날린다.

5분 정도 흘렀을까. 검사실 문이 열리더니 그 할아버지가 다시 들어오신다. 손에는 음료수 한 박스가 들려 있다.

"검사님, 들어주셔서 감사합니다."라고 하시더니, 그것을 문 옆에 놓고는 재빨리 달려 나가신다. 다시 돌려드리려고 내가 문 앞으로 갔을 때 이미 저쪽 모퉁이를 돌아 나가셨다. 20대의 발걸음 같다. 할아버지가 귀엽다는 생각에 절로 웃음이 났다.

일을 하면서 할아버지를 위해 뭘 할 수 있을지 계속 생각해봤다.

'뭘 하지, 뭘 하지?' 그러다가 A공사 사장님에게 편지를 써서 그 사정을 말해보자는 생각이 들었다. 인터넷 홈페이지에 들어가 대표 전화번호를 찾아 전화했더니 직원이 받는다. 내 신분을 밝히고 사장님 이메일 주소 좀 알려달라고 했더니 가르쳐준다.

야근하면서 다음과 같은 내용의 편지를 썼다.

A공사 사장님께 올립니다.

저는 모 지방검찰청에서 근무하고 있는 안종오 검사입니다. 이렇게 글로 인사드리게 됨을 송구스럽게 생각합니다. 바쁘신 중에 이 글을 읽어주셔서 감사드립니다.

다름이 아니오라, 저희 검사실에 진정서가 제출되어 종결된 사건이 있습니다. 진정인은 ○○○(90세), 피진정인은 A공사 경기지역본부장으로 되어 있습니다. 물론 경기지역본부장에게 무슨 비위가 있어서 그런 것은 전혀 아닙니다. 소박한 노인이 자신에게 닥친 사건을 해결해보기 위해 자신의 사건을 가장 잘 해결해줄 수 있을 것이라고 생각한 사람을 피진정인으로 한 것입니다.

검찰청은 사건 부담이 엄청납니다. 그래서 마음처럼 모든 사건에 관심과 정성을 쏟기가 조금은 어렵습니다. 검사로 부임하면서 사건 하나하나를 처리하면서 보람을 갖자던 다짐은 사실 오간 데 없다는 생각을 하며 지내고 있습니다.

저는 이 진정 사건에 대해 벌써 민사적으로 완결되었고 지금

와서 우리 검찰청에서 해줄 수 있는 것이 없는데 왜 진정을 했을까 하는 마음으로 정식 조사 없이 종결했습니다.

하지만 아흔 살의 백발 할아버지가 모시옷을 입고 땀을 뻘뻘 흘리면서 검사실에 찾아와 하소연하는 것을 보았습니다. 거짓으로 세상을 살아온 것 같지 않고 다른 사람에게 폐 끼칠 일이라곤 전혀 없어보이는 진정인이 왜 이런 문제에 봉착했는지 다시 생각하게 됐습니다. 할아버지께 검찰청에서는 도저히 도와줄 수 없다고 돌아가시라고 했고, 할아버지는 아쉬운 마음으로 발길을 돌리셨습니다. 그런데 더운 날씨에 땀 흘리며 검사실을 찾아와 소박한 웃음을 보이시던 그 할아버지의 얼굴이 떠올라 견딜 수 없어 이렇게나마 글을 쓰게 되었습니다.

사건을 말씀드리면 이렇습니다.

- (사건 내용 중략) -

1심, 2심, 3심 판결문을 모두 읽어보았는데 법원에서도 할아버지, 할머니, 그 딸이 거짓말을 한다고 생각하진 않는 것 같고 제 소견도 같습니다. 왜냐하면 임대 계약 체결의 조건이 무주택자라는 것인데 나중에 들통날 줄 뻔히 알면서 그런 계약을 체결하지는 않았을 것이기 때문입니다. 영악한 사람이라면 오히려 자신의 소유로 등기된 부동산을 타인에게 명의 신탁하고 자신은 무주택자로 행세하면서 임대아파트 계약을 했겠지요.

물론 A공사에서는 할아버지 사건처럼 아주 쉽게 무주택자가 아님이 드러난 사건을 바로잡아 임대주택의 질서를 유지할 수도 있는데 그것이 잘못됐다고 보지는 않습니다. 이 사건의 소송을 담당한 직원과 변호사도 물론 자신의 임무에 충실했다고 봅니다.

다만 아쉬운 건 할아버지의 경우 거짓 없이 소박하게 계약을 체결했는데 선의의 피해를 보게 됐다는 점입니다. 업무가 좀 힘들더라도 탈법적인 방법으로 이익을 도모하는 사람들을 가려내어 임대주택의 질서를 유지한다면 국민을 더욱 납득시킬 수 있고 A공사의 신뢰도 또한 상승시킬 수 있다고 생각합니다.

병을 앓고 있는 예순네 살의 딸이 자신의 실수로 살던 집에서 쫓겨나게 됐다고 생각해 아흔 살 노인이 더운 여름에 여기저기 찾아다니는 것이 안타까워 이렇게 장문의 글을 올립니다.

저는 할아버지의 노력에도 불구하고 검찰청에서 도와줄 수 없다는 말씀을 드릴 수밖에 없었습니다. 할아버지는 자신의 말을 들어준 검사에게 진심이 통했다고 느끼셨는지 한사코 음료수 한 박스를 검사실에 놓고 가셨습니다. 어느 누구의 선물보다도 값진 것이었습니다.

법조 생활 10년이 되어갑니다. 세상사는 법리로 풀리지 않는 것이 참 많다는 생각이 듭니다. 정의가 법에 의해 세워질 수 있는 것이 아님도 느낍니다.

제가 느끼는 안타까움을 사장님께서도 어느 정도 공감하시리라 생각합니다. 물론 그 할아버지에게 특혜를 베풀어서 선처해 주십사 하는 것이 아닙니다. 다만 A공사에서 해줄 수 있는 것이 아주 없진 않을 텐데 하는 아쉬움에 글을 적었습니다.

추석 연휴 잘 보내시고 항상 건강하시길 기원합니다. 장문의 글을 읽어주셔서 감사합니다.

○○지검 사무실에서 한 검사가 보냅니다.

고맙게도 며칠 후에 답장이 왔다. 관심을 기울여주셔서 감사하다는 말과 더불어, 관련 직원에게 도움을 줄 수 있는 일이 있는지 알아보도록 했으니 좀 기다려달라고 한다. 이런 편지를 받으니 큰 사건 하나 처리한 것보다 기쁨이 컸다. 결과는 둘째치고 '진심이 전해진다는 것이 이런 즐거움을 주는구나'라고 생각했다.

그다음 날 A공사 직원으로부터 전화가 왔다. 분양 전환을 인정해 줄 수는 없지만, 같은 단지 내의 임대아파트에서 종전과 같은 조건으로 살게 해줄 수 있다는 내용이었다. 정말 뛸 듯이 기뻤다. 바로 할아버지께 전화해서 그 직원과 만날 수 있게 안내해드렸다. 수화기 너머에서 할아버지, 할머니 모두 기뻐하는 소리가 들렸다. 전화를 끊고 옆에 있는 집무실로 들어갔다. 나도 감정을 주체하기 힘들었기 때문이다.

이 사건은 10년의 검사 생활로 매너리즘에 빠져 있던 나에게 신선한 충격을 줬다. 검사실에 온다는 것은 그와 그 가족의 삶에서 가장 극적인 순간인데, 난 그동안 '사건은 인생이다.'라는 사실을 망각하고 있었다. 다시 한 번 느낀다. 검사로서의 의무감이 부담으로 다가올 때도 있지만 내가 그것을 어떻게 받아들이느냐에 따라 그 부담이 기쁨을 가져다줄 수도 있다는 것을. 그리고 젊은 검사의 마음을 헤아려주고 믿어준 A공사 사장님께 고맙다. 진심이 통한다는 것은 역시 행복한 일이다.

괜찮아, 정말 괜찮아

검사로서 세 번째 임지(일명 '3학년')에서 근무하게 된 나는 각오를 다졌다. 실력과 근성을 보여주어 반드시 특수부에 가고야 말겠다고. 선배들은 말한다.

"검사에 대한 평가는 3학년 때 끝난다. 3학년 때까지는 자기 분야를 정해서 인정받아야 한다."

특히 나같이 법무관 3년 경력이 검사 경력으로 인정되는 경우에는 마음이 급해진다. 3학년에 벌써 부의 수석 내지 차석이 되기 때문이다. 그 경력만큼 배당되는 사건의 질이 달라지고 윗분들의 기대도 커진다. 말 그대로 '밥값'을 해야 하는 것이다.

3학년 새로운 임지에 오자마자 형사부에 배정됐다. 여기에서 실력을 인정받아야 본인이 원하는 곳에 갈 수 있다. 거의 모든 검사들이 각종 시험으로 경쟁에 익숙해져 있다 보니 검찰청 내부에서의 경쟁도 치열하다. 특수부, 공안부, 금융조세조사부 등 인기 있는 자리에 가는 것에 자존심을 거는 경우도 많다. 나 역시 다르지 않았다.

형사부에서는 경찰로부터 송치되어 오는 많은 사건들을 처리한다. 그 과정에서 새로운 범죄를 찾아내거나 구속하게 되면 좋은 평가를 받는다. 난 2학년 때 작은 지청이었지만 나름 많은 사건을 수사해보았기에 수사에 자신이 붙어 있었다. 기본적인 사건 수사 외에 좀 더 깊게 수사해서 숨겨진 사건이 있는지 살펴봤다.

드디어 쓸 만한 사건이 하나 눈에 들어왔다. 공사 대금을 지급하지 않아 사기로 고소된 사건인데 관련자들 진술과 통장 거래 내역을 분석해보니 단순한 사기 차원을 넘어선 것 같았다. 고소된 것은 빙산의 일부분으로 보였다. 공사와 관련하여 큰 액수의 불법적 리베이트가 건네진 단서가 포착됐다. 물속의 거대한 비리를 캐내는 일은 이제 검사의 몫이었다.

검토해보니 이제 사건의 실체를 밝히기 위해 남은 건 압수수색이었다. 기업 사무실과 관련자 집까지 여섯 군데에 이르니 많은 인원이 필요했다. 우리 부의 수사관을 다 동원해도 모자라 특수부와 공안부에서 이용하는 '수사지원반'의 도움을 받기로 했다. 형사부에서 압수수색 인원을 대거 동원하는 것을 보고 지휘부에서도 관심을 갖고 지켜보았다. 솔직히 잘 될지 모르는 상황에서 판을 크게 벌여놓으니 '잘 돼야 할 텐데' 하는 걱정이 앞섰다.

다행히 압수수색의 성과로 큰 범죄를 새로 밝혀냈고, 피의자 중 네 명에 대해 구속영장을 청구했다. 구속영장만 모두 발부된다면 그야말로 이 사건은 대성공이다. 그 덕분에 내가 원하던 특수부, 강력부 같은 자리에 갈 수 있을 것처럼 보였다. 내가 손만 뻗으면 잡힐 것 같았다.

그런데 하필 이 중요한 순간에 덜컥 세 명에 대한 구속영장이 기각된다. 그것도 몸통 역할을 한 사람에 대한 영장이 기각됐다. 밤늦게 사무실에서 영장 발부 소식을 기다리던 내 머리 한가운데에서 '탕!' 하는 총소리가 들렸다. 충격을 받으면 머리에서 총소리가 들린다더니 그 말이 사실이었다. 전화로 부장님께 소식을 전했더니 실망하시는 듯한 말투다. '어쩐지 일을 너무 크게 벌인다 싶었다.'라고 말씀하시는 것만 같다.

사무실에 혼자 덩그러니 남아 초점 없이 컴퓨터 모니터만 바라보는데 동생에게서 전화가 왔다.

"형! 잘 지내지? 어디여?"

"응, 아직 사무실이야."

"엥? 뭐여. 전화할 때마다 사무실에 있네. 왜 집에 안 가?"

"그러니까 말이다. 할 일이 좀 많네."

"죽도록 공부하더니만 이게 뭐여, 집에도 못 가고. 검사라는 직업이 하나도 안 부럽구만."

"……."

이럴 때 전화해서 눈치 없이 사람 속을 뒤집어놓는다. 뭐 틀린 말은 아닌데, 크게 벌여놓고 수습도 못하는 스스로를 자책하는 순간에 들을 말은 아니었다.

"그래, 밤늦게 안부 전화해서 속 뒤집어주니 고맙구나. 조카들은 잘 있고?"

답이 필요 없다. 전화기 너머로 아이들의 하이톤 목소리들이 들린다. 밤늦은 시간까지 아이들이 아빠랑 노는 모양이다. 내 처지와 비교돼 한숨이 나온다. 전화를 끊고 나니 피곤이 큰 파도처럼 밀려온다. 며칠 밤낮을 긴장으로 보낸 탓이다.

집으로 향하는 차 안에서 내가 왜 이토록 흔들리는지 스스로에게 물었다.

"이 상황이 대체 뭐라고 내가 고통스러워하지?"

다행히 저 깊은 곳에서 답을 해준다.

"맞아. 전혀 고통스러워할 필요가 없는데, 네가 지금 쓸데없이 시간과 마음을 낭비하고 있어."

"내가 어떻게 하면 좋을까?"

"아무것도 하지 말고 내버려둬. 뭘 하려다가 더 상처를 낼 수도 있어. 고통스러운 상황이 된 것은 네가 결과에 치중했기 때문이야. 인생도 그렇고 업무도 그래. 결과보다는 과정을 즐기는 것이 중요해. 이건 과정에서 오는 성장통이야. 잘 견디면 한층 업그레이드된 자신을 발견하게 될 거야."

"왜 나만 이렇게 힘들까?"

"이 친구야, 무슨 소리야. 저 소리들이 안 들려? 다들 힘들어서 아우성치는 소리가. 다른 사람들은 반짝반짝 잘나가는 것 같지? 다들 능수능란한데 나만 어설프게 보이고. 그건 네가 자신을 덜 사랑하기 때문이야. 자신을 과대평가하기 때문이기도 하고."

"그럼 어떻게 해야 하지?"

"우선 네 자신을 있는 그대로 바라봐. 넌 아직 사회생활 한 지 얼마 안 된 새내기에 불과해. 검사 된 지 몇 년 안 됐잖아. 뭔가 부족하고 어설픈 것이 당연해. 남이 널 어떻게 생각하는지는 중요하지 않아. 명심해. 너의 가치는 네가 결정하는 거야. 지금 바로 네가 어떤 모습이 되어야 한다고 단정 짓지 마. 고통과 상처라는 것도 사실은 생각에 불과한 거야. 얼마 후 되돌아보면 실체도 없는 것에 괜히 마음을 빼앗겼던 걸 알게 될 거야."

"그래, 맞아. 내가 부족한 게 당연하지."

"이제 좀 이해하는군. 올림픽 배드민턴 복식 경기를 본 적이 있나? 이기는 팀을 잘 보라고. 득점할 때마다 소리 지르며 서로 손을 마주치고, 실점해도 손을 마주치면서 웃고 격려하지. 스스로에게도 마찬가지야. 잘하거나 못하거나 자신에게 손 내밀어 격려해야 해. 잘못했다고 얼굴 찡그리는 순간 네 인생도 그대로 얼어버리는 거야. 잘못할 때는 자신과 대화를 나누어 위로하고 긴장을 풀어주라고. 그래야 계속 앞으로 나아갈 수 있어. 인생은 잘하는 것보다 끊임없이 나아가는 것이 중요해. 그리고 타인에 대한 사랑에 '조건'을 붙이면 안 되듯이 자신을 사랑하는 데 '조건'을 붙여서는 안 된다는 점을 명심해."

"알았어. 오늘부터 스스로를 격려하는 사람이 될게."

"그래. 그리고 잊지 마. 매일 스스로에게 따뜻한 한마디를 건네는 걸 말이야. 다른 사람들한테는 정겹게 말을 건네면서 자신에게는 왜 그렇게 냉정한지 반성해야 해. 사람 마음을 움직이는 것은 따뜻함이고 자신을 움직이는 것도 따뜻함이라는 걸 명심해."

그동안 내 자신에게 빨리 가야 한다고, 최선을 다해야 한다고 너무 재촉했다. 열심히 도전하면 반드시 성공할 테니 절대 쉬지 말라고만 해왔다. 작은 실패에도 거울을 보면서 '너 그 정도밖에 안 되냐?' 하며 자책했다. 이젠 스스로에게 좀 따뜻한 사람이 되어야겠다. 좀 실패해도 괜찮고, 좀 쉬어도 괜찮고, 좀 어설퍼도 괜찮다. 내가 행복하면 다 괜찮다.

쉼표,
잠시 쉬어가기

서울중앙지검에서 형사부 수석검사를 할 때다. 서울중앙지검은 중요한 고소 사건이 넘쳐난다. 사건의 규모도 그렇거니와 언론의 관심도 많이 받고 있어 한건 한건이 간단히 처리되지 않는다. 사건의 실체를 밝히는 수사 과정에서 어려움을 겪는 경우도 있고, 상사들을 설득하는 일도 만만치 않다. 반드시 검찰청이 아니라도 일반 회사에서도 마찬가지 어려움이 있을 것이다. 어려운 사건일수록 수사가 잘되고 깔끔하게 결재가 되면 느끼는 보람이 크다. 스스로 잘했다고 칭찬하기도 하고 뭔가 인정받는 기분이 드는 것이다.

사건 당사자의 특수성과 사건의 규모로 인해 그 처리 결과에 언론의 이목이 집중될 수밖에 없는 사건들이 있다. 그런 사건은 결재 과정에서 어려움을 겪는 경우가 많다. 수만 페이지의 수사 기록을 단 몇 장으로 요약, 정리하여 설득하기란 결코 쉽지 않다. 윗분들도 자신이 이해하지 못한 상태에서는 함부로 결재란에 도장을 찍지 않는다. 나중에 잘못되었을 경우 어떤 책임을 져야 될지 모르기 때문이다. 하지만 사건에 관해 상사들과 토론하고 설득할 수 있다는 점은 상당히 큰 장점이라고 생각된다. 검사 업무를 일정 기간 하게 되면 어떠한 문제라도 결론에 대한 자신의 의견을 제시하고 토론, 설득하는 능력이 길러지는 것이다.

서울중앙지검에서 근무한 지 2년째가 되는 가을이었다. 열흘이 넘도록 한 사건에 대해서 보고서를 썼다가 다시 수정해서 보고하는 일이 반복됐다.

1차 수사 결과 무혐의로 처리되었는데, 고소인이 항고해서 고등검찰청에서 수사를 다시 하라고 명령한 사건(이하 '재기수사명령 사건')이다. 내가 1차 수사를 한 것은 아니었으나, 고검에서 다시 수사하라는 명령을 받은 후 내 방으로 배당되었다. 고검 부장님의 재기수사명령 취지에 따라 수개월에 걸쳐 수십 명의 관련자들을 조사하였다. 이제 처리해도 될 것 같다는 자신이 생겼다.

무혐의 결정문 초안으로 30장 가량을 작성해놓고 5장의 요약보고서를 만들었다. 우리 청 간부님과 서울 고검 간부님 등 두 분을 설득해야 했다. 그런데 처음 자신했던 것과 상황이 달리 흘러간다. 설득력이 부족했는지 갈 때마다 고개를 흔드신다. 사실관계에 따른 법리판단에 있어 나와 차이를 보이는 부분도 있다. 며칠 동안 보고서를 수십 번 고치고 결재판을 들고 왔다 갔다 하면서 조금씩 지쳐갔다.

급기야 "안 검사, 봐주고 싶어서 이러는 거야?"라는 오해 섞인 소리까지 들었다. 온몸에 힘이 빠져 터덜터덜 사무실로 돌아오는데 창 바깥으로 짙은 노란색이 보였다. 며칠 사이 은행잎이 수채화처럼 곱게 물들어 있었다. 그 풍경에 이끌려 나도 모르게 밖으로 나왔다. 매일 바삐 오르내리던 검찰청 건물 앞 계단에 앉아 잠시 가을 경취를 즐겼다. 이 큰 공간에서 나 혼자 모든 걸 즐기고 있다니……

기분이 한결 나아졌다. 서운함이 없어지고 무력감도 사라졌다. 넓은 공간을 보고 있노라니 마음이 한없이 넓어지는 듯하다. 이렇게 잠시 쉬는 것도 괜찮다 싶다. 그때 계단 밑에 은행나무 세 그루가 보인다. '저 나무들이 김 부장님이 말씀하시던 그것들이구나!' 나무들을 한참 동안 바라본다.

다른 부의 부부장으로 계신 선배가 언젠가 그 방의 실무관에게 "저 은행나무 세 그루의 이파리가 다 떨어지는 날에는 내가 여기에 없겠죠?"라고 말했다고 한다. 시간이 빨리 지나 다른 청으로 가고 싶다는 말이다. 어느 검찰청이든 부부장의 업무 부담은 상상을 초월한다. 유머가 많은 그 선배도 역시 힘들었던 것이다. 그 실무관은 이렇게 대답했다고 한다. "부부장님, 제가 저 나무들 싹 베어버릴까요? 그러면 부부장님 인사가 빨리 나지 않을까요?"

"풋!"

그 얘기를 해주던 멀대 같고 싱거운 선배 얼굴이 생각나서 웃는다. 그 선배 역시 며칠 밤낮을 사건에 파묻혀 옴짝달싹 못하고 있는 것을 아는 터다. 사람의 특성 중 하나가 자기 고통이 제일 크다고 생각한다는 것이다. 사실 내 고민이 가장 작은 것일 가능성이 큰데 말이다.

이런 어려운 사건이 내게 맡겨졌다는 것은 그만큼 내가 성장했다는 이야기다. 뒤돌아보면 언제나 시련은 성장할 수 있는 소중한 기회였다. 쉽지 않은 일에 열정적으로 덤벼든 적이 어디 한두 번이던가. 그럴 때면 최선의 결과는 아니더라도 보통 이상의 결과를 냈다.

검사가 되기 전 나의 마음가짐은 어땠던가? 어떤 일이 주어지더라도 최선을 다할 테니 시켜만 달라고 하지 않았나. 또 검사가 된 후 초임 검사 때는 어떤 마음이었나? 검사가 된 것에 감사하고 사건마다 최선을 다하겠다고 다짐하지 않았나. 지금 힘들어하면서 불만이나 토로하고 있다는 것은 성장통도 없이 성장하겠다는 마음처럼 느껴졌다. 내가 힘들어할 때 어느 부장님께서 해주신 말씀이 생각난다. "힘들지 않은 일이면 우리가 그걸 할까?"

배우 이준기가 방송에서 고백한 내용 중에 마음에 와 닿는 게 있다. 영화 「왕의 남자」로 성공한 후 스타병에 걸려 고생했다고 한다. 자신을 인터뷰하는 기자들이나 친구들에게 막말을 하였고, 스타가 안 돼봐서 자신의 심정을 모른다고 원망했다. 처음에는 이해해주던 친구들이 모두 떠나갔고, 비로소 초심을 잃은 자신을 발견했다. 그는 스타가 되는 것이 아닌 '연기'만 하게 해달라고 소원했던 자신의 초심을 떠올렸다. 그러자 다시 연기에 대한 열정이 생겨 열심히 하게 됐고 여기저기서 불러주더라는 것이다.

나는 어떤지 돌아보게 됐다. 나는 검사가 '되려고' 했던가? 검사를 '하려고' 했던가? 나는 검사를 '하려' 했던 것이다. 검사를 하면서 나를 성장시키고 그곳에서 보람을 찾으려 했었다. 커다랗고 시커먼 건물 앞 계단에서 잠시 쉬면서 지금 나에게 필요한 것이 무엇인지, 소중한 것이 무엇인지 생각하게 됐다. 역시 문제가 생기면 문제에서 약간 떨어져 쉬어볼 필요가 있다. 누군가 말했다. 인생은 주스 같아서 흔들어서 밑에 깔린 알갱이들을 섞어야 맛있다고. 가끔씩 흔들리는 내 삶 역시 그 맛을 더하기 위해서라고 생각했다.

잠깐 동안의 쉼을 뒤로하고 다시 사무실로 돌아와 내 인생의 자리에 앉았다. 책상 위에 있던 다른 사건들과 잡다한 것들을 모두 치웠다. 오직 그 사건만 보이게 했다. 그 사건과 관련해 그동안 작성했던 보고서들을 다 뽑아 봤다. 참고했던 모든 자료를 다시 펴 봤다. 처음부터 다시 해야 길이 보일 것 같았다. 한참을 살펴보니 논리적으로 쓰이긴 했는데 어딘지 부족해 보인다. 내가 봐도 확신이 들 정도의 설득력은 없다. 사건을 꿰차고 있는 수사검사가 보여줘야 하는 에너지가 없었다.

기존의 보고서를 버리고 새로운 틀로 작성하기로 했다. 그리고 해외의 입법례나 판례도 찾아봤다. 똑같은 사례는 아니라도 비슷한 것은 있었다. 새로운 보고서에는 사건에 대한 기본적인 설명 외에도 사건의 본질, 당위성 같은 것들도 함께 적었고, 무엇보다도 수사검사로서의 열정과 진심이 담기도록 했다. 보고서의 양도 세 쪽으로 줄였다. 핵심만 담고 나머지는 말로 설명할 계획이었다.

다음 날 결재판에 보고서를 넣고 가는데 마음이 가벼웠다. 결재 통과에 대한 기대감, 거부에 대한 두려움 같은 것은 내려놓고 갔다. 윗분들은 보고서를 보더니 별말 없이 "응, 그래. 이 정도면 됐네. 수고 많았어."라면서 쉽게 도장을 찍어준다. 허무도 이런 허무가 없다.

홀가분한 마음으로 다시 나만의 휴식처인 그 계단으로 갔다. 지친 마음을 쉴 수 있는 공간을 내어 준 그곳에 고마움이 느껴진다. 어려움이 닥쳤을 때 도망치려 하지 말고 그냥 잠시만 쉬어볼 생각을 왜 진작 못했을까? 내 마음을 차지하고 있는 고통, 두려움, 절망, 부끄러움에게 잠시 양해를 구하고 공간을 마련하면 되는 것을. 사람은 그것만으로도 다시 시작하고 싶은 열정이 차오름을 느낄 수 있다.

보이지 않는
소중한 것들

•

•

•

오랜만에 중학교 동창 모임에 갔다. 1년에 한두 번 모이기는 하지만 거의 30년 만에 얼굴을 보는 친구도 있다. '어렸을 적 너는 어땠고 나는 어땠고' 하는 옛날 얘기가 주를 이룬다. 옛날 사진들을 휴대폰에 담아 와 서로 돌려 보며 놀리는 재미도 쏠쏠하다. 지금 봐도 촌스럽지 않은 무대의상을 입고 날라리 춤을 추는 장면까지 쏟아져 나온다. 그것들을 중학교 동창 모임 SNS에 올려놓으니 참석하지 못한 친구들까지 '좋아요'를 눌러대고 얼굴 확인에 들어간다. "이게 너야?" 거울 속 내 모습을 볼 때는 아직 20대 같은데 친구들을 보니 내가 어느새 40대 중반에 접어든 중년임을 실감한다.

이야기는 이제 자녀들 얘기로 옮겨 간다. 결혼을 일찍 한 친구 중엔 자녀가 벌써 대학교를 졸업하고 사회생활을 하는 경우도 있다. 그런 친구들은 말투에서 여유가 느껴진다. 언제 할머니가 될지 모른다고 걱정하면서도 말이다.

중학교 3학년 아들을 둔 나도 어느덧 그 옛날 아버지의 나이가 됐다. 그 시절 중학생이던 나의 고민은 무엇이었을까? 어떤 게 좋았더라? 어떤 게 소중했지? 우리 아이는 지금 가장 하고 싶은 게 뭘까? 곰곰이 돌이켜보니, 그 옛날 나는 나만의 공간과 시간을 갖는 게 소원이었던 것 같다.

삼형제가 한방에서 지냈다. 그러다 보니 서로 복닥거리면서 형제간의 우애가 깊어졌다. 그런데 어린 마음에 나만의 방을 갖고 싶다는 생각도 간절했던 것 같다. 무엇보다도 아무에게도 간섭받지 않는 나만의 시간을 갖고 싶었다. 내 방에 틀어박혀서 혼자만의 시간에 빠지거나 공부라는 의무로부터 해방되어 사색을 즐기고 싶었다. 지금이야 그 때문에 지금의 내가 있다고 생각되지만, 아버지의 잔소리가 어린 마음에는 그렇게도 싫었다. 나만의 시간을 방해하는 것으로밖에 생각되지 않았다.

학교와 학원 생활에 치여 사는 우리 중학생 아들과 딸도 마찬가지 아닐까 싶다. 진정 잘되라는 마음을 담아 '아빠가 살아보니 이렇게 하면 성공하고 저렇게 하면 실패하더라'라고 조언하지만, 아이들에게는 자신만의 시공을 누릴 자유를 빼앗는 잔소리로만 생각되지 않았을까? 아이들에게는 내가 누리지 못했던 '각방'이 있다. 하지만 그것이 내가 어릴 적에 그토록 원했던 각방인지는 의문이다. 육체가 독립적으로 쉴 공간은 되겠으나, 과연 마음의 위안까지 가져다주는 '마음의 각방'일지는 알 수가 없다.

어릴 적 친구들을 만나니 마음까지 그 옛날로 돌아가 그때의 내가 된 듯하다. 이야기는 끝이 없는데 가을로 접어드는 하루는 저물어간다. 서로 소식을 나눈 것에 만족하면서도 헤어지기가 그리 아쉽다. 내년에는 또 어떤 모습으로 변해서 만날지 궁금해진다.

집에 가는 길에 여자 동창 영미를 집까지 바래다줬다. 그녀는 판매업을 하며 아주 억척스럽게 살고 있다. 영미는 매년 동창 모임에 나온다. 작년에도 동창 모임 끝나고 집에 데려다주면서 사는 얘기를 했었다. 영미는 셋방에서 시작해서 자신의 아파트까지 마련한 전형적인 시골 또순이다. 그런데 좀 욕심을 부려 높은 이자로 돈을 빌려줬다가 몽땅 떼이게 됐다. 급기야 아파트까지 처분해서 빚을 갚아야 했다. 그에 대해 내가 법률적인 자문을 해준 기억이 있다. 그래서 내가 조심히 물어봤다.

"영미야, 전에 네가 손해 본 얘기했잖아. 그거 잘 수습되고 있어?"

"응, 그거? 몇 년 되니까 그 사람들이 미워지지도 않더라. 그 사람들을 미워하니까 우선 내가 못살겠더라고. 그 사람들이 내 돈 가지고 잘살고 있는 것도 아니더라. 나와 남편이 그동안 맘 비우고 열심히 살았어. 아까는 말 안 했는데 올 여름에 아파트 다시 마련했어. 상당 부분 은행 대출을 받아 샀지만 말이야."

"와, 영미 너 대단하다. 몇 년 만에 극복하기 쉽지 않았을 텐데. 너랑 네 남편 정말 대단하다."

"그리고 나 있잖아, 이번 일 겪으면서 뼈저리게 느낀 게 있어."

"그게 뭔데?"

"앞만 바라보고 현재를 너무 희생하지 말자고 말이야. 나 예전에 돈 모을 때는 우리 딸들한테 옷 한 벌을 안 사 입혔어. 다 어디서 가져다 입혔어. 돈 모으려고 혈안이 되어 있었지. 근데 그 돈을 다 날리고 나니까 너무나 허망한 거야. 정신 차렸을 때는 아이들 예쁜 시절 다 지나가 버렸고. 애들한테 너무 미안한 거 있지. 그 돈 모아서 뭐 하려고 했는지 기억도 안 나. 그래서 지금은 아이들 옷도 자주 사주고 맛있는 것도 사 먹으면서 살아."

"그래, 영미야. 잘하고 있네……."

영미를 내려주고 집으로 운전해 오는데 나한테 미안한 감정이 몰려온다. 내가 가진 소중한 것들에 얼마나 관심을 기울였고 오늘을 귀하게 여겨왔는지 참회해본다. 나 역시 가족들과의 일상에서 오는 소소한 즐거움은 뒤로한 채 언제 올지 모를 성공에 모든 걸 걸고 있었다. 솔직히 내 삶에서 뭐가 성공인지도 잘 모르면서 말이다.

중학교 때는 좋은 고등학교에 가기 위해, 고등학교에서는 대학교에 가기 위해, 대학교에서는 사법시험에 합격하기 위해, 사법연수원에서는 검사가 되기 위해, 검사가 된 후에는 남들이 좋다고 하는 자리로 가기 위해, 거의 모든 단계에서 앞만 보고 달렸다. 그 과정에서 보이진 않지만 소중한 많은 것들을 지나치며 살았다.

행복은 이미 나에게 찾아와 있었고 내가 고개만 살짝 돌렸다면 보았을 것이다. 일찍 귀가하는 아빠를 반갑게 맞이하는 아이들의 웃는 모습, 아내와 손잡고 집 주변 걷기, 나이 들어 가는 자식을 보고 싶어 하는 부모님과 대화하기, 형제와 마주 앉아 어렸을 적 추억 얘기하기, 친구와 안부 나누기, 조부모님과의 추억 꺼내보기 등 손만 뻗으면 잡히는 행복거리가 즐비하다.

이솝 우화에서 여우가 물속의 송사리를 물 밖으로 유혹하는 장면이 나온다. 여우가 송사리에게 물 밖이 얼마나 좋은지 달달한 목소리로 설명한다. 송사리는 그 말을 듣고 물 밖으로 나갈지 한참을 고민한다. 물 밖으로 나가면 자신이 죽는다는 사실을 알지 못한 채 말이다.

우리는 모두 남들에게 인정받는 중요한 인물이 되길 원한다. 그래서 부자가 되길 바라고 번듯한 자리로 승진하길 희망한다. 그러나 그것이 내 삶의 목적이 되거나 전부가 되어서는 안 된다. 그런 것들이 목적이 된다면 내가 서 있는 현재를 희생하려 들 것이 분명하다. 다 가진 것처럼 보이는 사람들이 때로 '내가 지금 뭐 하는 거지? 이렇게 살아도 되는 걸까?'라고 말하는 것을 볼 수 있다. 오늘의 소중한 것을 미래를 위해 모두 소비해온 탓일 터이다.

집에 들어가니 아내와 아이들은 남편, 아빠를 기다리다 지쳐 잠이 들어 있다. 조용히 나만의 공간으로 가서 오늘 깨달은 것을 메모한다. '명심하자, 나를 살아 숨 쉬게 하는 소중한 것들은 눈에 잘 뜨이지 않는다는 사실을.'

쓰담쓰담,
마음 안아주기

토요일 아침. 가족들과 아침 식사를 하는데 중학교 1학년인 딸이 엄마에게 하소연한다. 학원에서 어떤 남자아이의 나쁜 행동 때문에 여자아이들이 학원에 다니기 싫다고 할 정도라고 한다. 아내는 신경이 쓰이는지 아예 밥숟가락을 놓고 경청한다. 난 자주 있는 일이고 학원에서 알아서 잘 해결해주겠지, 라는 생각에 밥을 다 먹고 일어나 거실 저편에 앉아서 신문을 봤다.

아내는 딸아이 말이 끝나자마자 학원 원장에게 전화한다. 그동안 그 남자애 때문에 고통 받은 아이들이 여럿이고 선생님께 몇 번 말씀을 드렸는데도 전혀 개선되지 않고 있다고 강하게 얘기한다. 아울러 그런 애한테는 따끔하게 경고해야 하고 그러지 않으면 좋은 아이들을 잃을 수도 있다는 경고성 발언도 한다.

난 신문을 읽으면서도 그 말을 다 듣고 있었다. '난 어쩜 저렇게 똑똑하고 단호한 아내를 얻었을까? 난 참 운이 좋아.'라는 생각과 함께. 아내가 전화를 끊었을 때 내가 한마디 했다.

"여보야, 참 잘했어요."

잠시 후에 어디선가 훌쩍거리는 소리가 들렸다. 코를 들이키는 것으로 봐서 누가 감기에 걸렸나 싶은데 자세히 들으니 감기 때문은 아닌 것 같다. 일어나서 식탁 쪽으로 와보니 아내가 소리 죽여 눈물을 흘리고 있다. 깜짝 놀라 물었다.

"응? 여보, 왜 그래요?"

"……."

아내는 자신을 좀 진정시키더니 이윽고 입을 연다.

"당신 알아요? 당신이 좀 전에 '여보야, 참 잘했어요.'라고 말하는데 그냥 울컥하더라고요. 자기가 나한테 그렇게 칭찬한 것도 오랜만이고요."

"내가 그랬어? 미안해요……."

그랬나보다. 아내가 이런저런 일을 하면 잘했다, 수고했다 라는 말 대신 부족한 부분에 대한 지적을 더 많이 했단다. 아내는 아이들 스케줄 관리하고 애들 학교 운영 위원으로 활동하면서 이러저러한 갈등이 있어서 힘들었는데 내가 위로가 되지 못했던 것이다.

내가 봐도 난 직장에서 남들 말을 잘 듣고 맞장구도 잘 쳐주는

편이다. 그러다 보니 동료나 직원들과의 관계가 원만하다. 내 말을 하기보다는 그냥 많이 들어주면서 호응만 했을 뿐인데 사람들이 좋아한다. 업무에 대해서도 칭찬을 많이 하고 어려움에 처해 있으면 수고한다고 하면서 도울 것을 찾았다. 그렇게 직장에서는 잘하면서 집에만 오면 왜 그랬던 건지…….

사실 아내가 표현하기 전부터 난 나의 이중성을 알고 있었다. 아내한테 조금은 냉정하게 들릴 수 있는 말들을 해댔고, 아내가 그것을 감내하고 있다는 것을 느끼고 있었다. 아내는 많은 말을 하고 싶어도 직장에서 시달리고 귀가한 남편에게 모든 하소연을 하기 힘들었을 것이다. 나는 아내가 문제점을 짧게 말해주길 바랐고, 그에 대해서 해결책을 내주려고만 했다. 아내가 말한다.

"당신이 해결해줄 것을 기대하고 말하는 게 아니에요. 그냥 좀 잘 들어주고 맞장구만 쳐주면 돼요. 자기가 내 편인 것만 확인되면 되는 거라고요. 그걸로 위로받고 사는 거라고요."

아내의 말은 진리 그 자체다. 사무실에서도 많이 경험하는 일이다. 사건 처리가 맘에 들지 않는다면서 찾아와 큰 소리로 소란을 일으키는 민원인들이 종종 있다. 그 사람들을 앞에 앉혀두고 하고 싶은 말을 마음대로 하라고 하는 편이다. 한참을 얘기하고 나면 민원인은 한층 부드러워진다. 거기에다가 내가 "아이고, 죄송합니다. 저희들이 부족했습니다. 선생님 말씀을 반영해서 수사하도록 하겠습니다." 말이라도 하면 민원인은 입이 함지박만 해진다. 그리고 대개 이런 말을 한다. "검사님, 소란 피워서 죄송합니다. 그동안 제 말이 전혀 받아들여지지 않는 것 같아서 좀 서운했는데 오늘 오해가 많이 풀렸습니다. 잘 들어주셔서 고맙습니다." 사실 민원인이 주장한 대로 사건을 처리하겠다고 약속한 것도 아닌데 민원인은 그저 자신의 하소연을 들어주고 맞장구쳐 준 것으로 만족한다.

검찰청에 자신의 사건을 가지고 오는 사람들은 대부분 마음에 상처를 가지고 있다. 마음의 응어리를 풀어놓을 곳이 없어서 마지막 방편으로 검찰청에 오는 것이다. 그런 사람들은 자신의 일에 대해 누군가가 관심을 기울여준다는 사실 자체만으로도 마음이 치유된다.

가장 좋지 않은 습관이 남의 이야기를 들으면서 부족한 점을 찾아내고 이를 비판하는 것이다. 그냥 들어주기를 바라고 말하는데 상대로부터 비판을 들으면 오히려 상처가 커진다. 마음의 문도 닫아버리기 일쑤다. 한번 닫힌 마음의 문은 웬만해서는 다시 열기 힘들다.

비판의 무익성은 이미 잘 알려져 있다. 상대를 위하는 마음으로 하는 비판이라도 상대방은 그 비판을 받아들이기보다는 방어하려고 애쓰게 된다. 그 과정에서 자존심에 상처를 입게 된다. 사람 관계에 상처를 입히는 것은 물론이다.

사건이 발생한 장소에 있지 않았던 사람이 나중에 '그때 이렇게 하는 게 더 나았을 텐데 말이야.'라고 말한다면 그것은 비판밖에 되지 않는다. 그렇게 말하는 사람조차 그 상황에 있었다면 어떤 결정을 내렸을지 알 수 없다.

아이 학교에서 일어났던 일에 대해서 아내가 말하고 있을 때 내가 '여보, 그 상황에서 선생님한테 그렇게 말한 것은 좀 부적절해 보이네요. 좀 달리 말했으면 어땠을까요?'라고 말한다고 치자. 아내가 과연 내 말에 감사해할까? 아니면, 다음부터는 더 현명하게 대처할까? 그저 아내의 마음만 다치고 아내는 소극적인 사람으로 변할 것이다. 그리고 나와의 대화는 더 줄어들 것이다. 그냥 이렇게 말하는 게 정답이다.

"여보, 고생했어요. 자기나 되니까 그 상황에서 그 정도로 말했을 거예요."

사무실에서도 마찬가지다. 구속영장이 기각돼 의기소침해 있는 검사에게 '아이고, 뭔가 좀 부족해 보이더라니. 그 부분을 검토 안 하고 갔던 거야?'라고 한다거나, 압수수색에서 지쳐 돌아온 수사관에게 '책상 밑도 들쳐 봤어요? 안 했어요? 아이고, 그렇게 철저하게 하라고 했는데…….'라고 말한다고 치자. 그 말을 듣는 검사나 수사관이 지적에 감사해하면서 다음부터 달라질까? 아닐 것이다. 사무실 문을 나가면서 '그럼 자기가 해보시든가.' 하고 중얼거릴 가능성이 크다. 정답은 그냥 '정말 수고 많았어요.'다.

사람들은 매일 사람 관계에서 지치고 힘들어한다. 상대에게 하소연하는 사람의 눈에는 상대가 나를 위로해줄 거라는 믿음이 있다. 그 믿음을 저버리지 않기 위해 우리가 할 수 있는 일은 그저 들어주고 한마디 해주는 것뿐이다. '힘들었겠다' 그 말 때문에 상대는 계속 살아갈 힘을 내게 된다.

바야흐로 인공지능의 시대다. 사람끼리 위로하지 못한다면 언젠가 '사람을 위로해주는 인공지능 로봇'이 득세할 거다. 사람이 인공지능에게 하소연하면 인공지능은 최대한 따뜻한 말투로 '아이고, 힘들었겠어요.'라고 대답한다. 그리고 무한한 사랑을 받는다. 설마 그런 시대가 오기야 하겠는가. 사람만의 섬세한 감정을 대체하기란 불가능할 것이다.

사람 사이의 관계가 아니라 내 자신과의 관계에서도 마찬가지다. 사람은 스스로에게도 위로받고 싶어 한다. 세상일에 치여 귀가하는 나는 쪼그라들고 초라한 모습이다. 그런 자신에게 어깨를 내어주고 기대게 해보자. 그리고 따뜻한 마음의 손으로 쓰다듬으며 이렇게 말해보자.

'너 오늘 좀 힘들어 보인다. 오늘은 그냥 아무 생각 하지 말자. 좀 쉬어.'

부족한 나를, 나는 사랑한다

미국 생활을 마치고 귀국하여 법무연수원에서 일주일 동안 미국에서 써 온 국외 훈련 논문 다듬는 작업을 하는데 복귀하려는 검찰청의 기획검사가 연락해 왔다. 검사장님이 부임하신 지 얼마 안 됐는데 나를 새로운 기획검사로 지목하셨다고 한다.

내가 유학 기간 동안 머릿속에 긍정적인 생각을 많이 채워 오긴 했으나 큰 검찰청의 기획검사라니, 부족한 내가 갈 자리가 아닌 것 같았다. 검찰청의 기획검사는 검사장님을 보좌하면서 청 전체의 기획 업무를 챙겨야 하는 자리로서 상당히 어려운 자리다. 한마디로 검사장님의 아이디어를 실행하는 중요한 자리다.

내가 겁을 먹는 이유가 또 있었다. 나를 지목한 그 검사장님은 검찰 내에서도 기획 업무에서는 거의 신神적인 존재였다. 그분은 부하 직원들과 즐겁게 소통하고 친절하게 가르쳐주는 것으로도 소문나 있었다. 물론 그런 분한테 많이 배우기는 하겠지만, 내가 만들어가는 기획 서류가 얼마나 우습고 어설퍼 보이겠는가? 매일 시험 치는 기분이 들 것이며 부족한 부분만 드러날 것이 뻔해 보였다. 나의 소극적인 성격이 미리부터 나의 발목을 잡았다. 하지만 내가 현실을 피해 갈 방법은 없었다. 그저 부딪쳐보는 수밖에.

역시 복귀 인사를 하자마자 검사장님은 자신의 포부를 말해주었다. 검사장 자리에 오기까지 검찰이 앞으로 나아가야 할 방향에 대해서 고민을 많이 하신 것 같다. 그리고 지금까지의 타성에서 벗어나 효율과 보람을 추구하자고 한다. 검사장님은 기존의 조사 방식이 비효율적이라면서 조사 방식을 개선하여 시간을 대폭 아껴 의미 있는 곳에 시간을 사용해야 한다고 했다. 그리고 소년 사범 한 건 한 건을 소홀히 하지 말자고 하면서 좀 더 정성을 들여 처리할 것을 주문했다.

내가 보기에는 검사장님 아이디어가 상당히 좋아 보였다. 그렇게만 잘 실행된다면 검찰 업무가 획기적으로 변할 것 같았다. 그 업무 방식에 익숙해지기만 하면 시간과 에너지를 많이 아낄 수 있을 것 같기도 했다. 기존의 검찰 업무가 간소화되면서 의미 있는 일을 많이 할 수 있게 되는 것이다.

하지만 나는 미국에서 1년 동안 생활하면서 한국 검사가 얼마나 피곤한 직업인지 잊고 있었다. 사실 검사들은 매일 사건에 치여 새로운 것을 머리에 집어넣을 생각을 못한다. 검사장님의 아이디어를 실행하기 위해서는 검사들의 생각과 업무 방식이 바뀌어야 했다.

매일 아침 검사장실에서 간부님들 티타임을 갖는데 기획검사인 내가 배석했다. 매일 검사장님이 아이디어를 주시면 이것을 구체화하는 방안을 만들고 검사들에게 전달했다. 그러나 내가 부족해서인지 검사들이 잘 따라오지 못했다. 거의 매일 검사들에게 내부 메신저로 '쪽지'를 보냈다. 쪽지에 업무 내용도 적고 재미있는 이야기도 적어 보냈다. 웃기는 사진과 동영상이 있으면 첨부해서 보냈다. 검사들이 '쪽지 기획' 하느냐면서 좀 신선하다고 좋아했다. 하지만 여전히 새로운 업무 방식을 적용하기를 주저했다.

시간이 지나도 아이디어 실행 속도나 내용 면에서 검사장님이 생각하는 것과 검사들이 실제 일하는 것의 간극이 좁혀지지 않았다. 중간에 있는 내가 부족해서 그런 것만 같아 자책을 많이 했다.

난 용기를 내기로 마음먹었다. 몇 년 후에 오늘을 뒤돌아보면서 해야 할 뭔가를 하지 않았다고 후회하는 일은 없어야 한다. 부족한 나를 용서하지만, 그 자리에 머물지 않도록 최선을 다해야 했다. 그래서 후배 검사들에게 용기 내어 아래와 같은 내용으로 이메일을 보냈다.

후배님들에게

안녕하세요. 후배님들 고생 많으시지요. 요즘 수사 업무 외에 여러 업무에도 신경 쓰느라 고생 많으실 줄 압니다. 어느 검찰청을 가도 검사들이 다 힘들다고 하는 것 같습니다. 후배님들의 모습이 지쳐 보여 안타까움에 이 글을 씁니다.

제가 법무관 시절을 제외하면 검찰청에서 근무한 지는 약 10년 정도 되는데요. 되돌아보면 항상 현재가 힘들었고, 다음 임지에서는 지금보다는 행복하리라고 기대했습니다. 그러나 그 기대는 항상 무너졌습니다. 그런 생각 자체가 내 자신을 현재에 충실할 수 없도록 만들었고, 결국은 내 자신을 단련하지 못하여 더 나은 자신을 만들지 못했던 것 같습니다. 그러다 보니 외국 유학을 제외한 검사로서의 세월은 그저 인생만 흘려보낸 것이 아니었나 생각이 듭니다.

검사라는 직업을 가진 사람들의 특성은 '자존심'으로 똘똘 뭉쳤다는 것입니다. 그래서 칭찬받고 싶어 하고 잘못하고 있다는 말은 정말로 듣기 싫어하는 것 같습니다. 요즘이 그러하리라 생각됩니다. 할 일은 많고, 잘하고 싶은데 마음과 달리 잘 안 되고…….

제가 매일 검사장실을 하도 여러 번 들락날락하다 보니 어느 날 점심 후에 칫솔이 든 컵을 들고 화장실이 아닌 검사장실을 향해 걷고 있는 자신을 발견하였습니다. 그 정도로 익숙해진 것이겠지요. 아마 여러분들도 이제는 검사장님께서 무엇을 추구하시는지 이해하셨으리라 생각됩니다.

제가 최근에 선배님들과 후배님들이 지나치면서 하는 여러 말씀을 종합하여 곰곰이 생각해보니 검사장님과 검사님들 간에 약간의 괴리가 있는 것을 발견하였습니다. 저 개인적으로 생각해 볼 때는 검사장님의 생각이 지금까지의 검찰 업무 방식으로 볼 때 다소 이상적인 것으로 보일 수 있으나, 검사장님 역시 일선 수사 경험이 많으신 분이라 현실과 동떨어진 것은 아니며, 여러 나라 사례를 보더라도 우리 검찰이 신경을 써야 하는 것은 맞는 것 같습니다. 후배님들도 그 취지에는 공감하지만 과연 현재의 우리 수사 인력으로 할 수 있을지에 대해 고민하고 계실 것입니다. 그 괴리는 '스피드'와 '기대치'로 표현될 수 있을 것 같습니다.

이렇게 생각하면 어떨까요? 검사장님의 스피드와 기대치를 한꺼번에 따르려고 하지 말고 10퍼센트씩이라도 시간을 두고 따라가자는 생각을 하는 것입니다. 그게 1년 동안 10퍼센트라 해도 상관없다고 말이죠. 그리고 그 10퍼센트 변화하는 것을 검사장님께 스스럼없이 알려드리자고 마음먹는 것입니다. 그러면 검사장님께서는 검사들이 변화하면서 잘 따라오고 있구나,라고 생각하실 것이고, 여러분은 심적 부담에서 조금은 벗어나실 것입니다.

검사장님께서 항상 하시는 말씀이 있습니다. '한 번에 홈런 칠 생각 하지 말자. 열심히 배트를 휘두르다 보면 삼진도 당하지만, 단타, 장타가 하나씩 나오기 시작하고, 결국은 홈런도 가끔씩 칠 수 있다.'는 것입니다. 우리가 생각하는 것만큼 검사장님의 기대가 크지는 않은 것 같습니다. 현재 우리가 검찰을 100퍼센트 바꿀 수는 없어도 10퍼센트 정도는 바꿀 수 있지 않을까요?

그리고 후배님들, 제가 유학 생활 중 얻은 가장 큰 수확은 '나는 무엇이든 내 맘 먹은 대로 할 수 있고 될 수 있다.'라는 긍정정인 사고였습니다. 왜 나이 마흔이 되어서야 그런 생각이 났는지 모릅니다. 바쁜 일상을 떠나 여유 있는 시간을 갖다 보니 든 생각이었는지도 모릅니다. 다만 그 생각을 좀 더 일찍 했더라면 하는 생각이 들었습니다.

제가 중고 서점에서 골라 든 책이 하나 있습니다. 『Secrets of the Millionaire Mind』라는 책인데 굳이 번역하자면 '백만장자 마인드의 비밀' 정도가 될 것 같습니다. 그 책에 부자가 되기 위한 여러 원칙이 적혀 있는데 그중 눈길이 가는 대목이 있었습니다.

"부자들은 '나는 케이크를 갖고 있고 그것을 먹을 수도 있지.'라고 믿고, 중간층은 '케이크가 너무 비싸서 나는 작은 조각만 가질 수 있겠지.'라고 믿고, 가난한 사람들은 자신은 그 케이크를 가질 자격이 없다고 믿고 케이크 대신 도넛을 주문하며 '왜 나는 가진 게 없지?'라고 말한다."

후배님들, 위 말은 제가 일 열심히 하자는 말을 하려는 것은 아니고요. 여러분들이 되고자 하는 그 무엇이 있다면 마음속에 그리되 '확신'을 가지고 그리면 좋겠습니다. 그러면 몇 년 후에 그 무엇이 된 자신을 발견하게 될 것입니다.

써놓고 보니 그냥 못난 글이 되지 않았나 싶습니다. 이번 주도 여러 업무에 많이 바쁘실 텐데 너무 가슴 답답해하지 마시고 '10퍼센트', '단타'를 명심하시면 편안해질 것입니다.

힘겨워할 때 선후배 간에 긍정적인 말과 격려를 보내고 이를 경청할 수 있는 지혜가 필요하다고 봅니다. 언제든 저에게 연락주시면 바로 달려가겠습니다.

후배님들의 사랑을 먹고 사는

검사 안종오 드림

이 글을 읽은 후배들은 고맙게도 오히려 나에게 수고한다면서 격려를 보내왔다. 그리고 이전과 달라진 적극적인 모습을 보여주었다. 후배 검사들이 편지를 읽고 힘을 얻었으리라 생각되지만, 내가 후배들의 긍정적인 반응에 더욱 큰 힘을 얻었다. 당시 나와 검사들은 모두 어디로 가야 할지 모른 채 길을 찾아 헤매고 있었는지 모른다. 하지만 분명한 것은 우리라는 이름으로 불을 밝혀 길을 찾았다는 것이다. 지금 읽어보면 이런 편지를 쓸 생각을 해냈다는 것 자체가 믿어지지 않는다. 부족한 나를 인정하고 진심을 전하려 했기 때문에 가능했던 것 같다. 그런 면에서 부족했던 당시의 나를, 나는 사랑한다. 그리고 나 스스로 가치 있다고 느끼게 해준 후배들에게 고맙다.

고맙다,
지금까지 버텨주어서

안녕! 이렇게 마주 앉아 얘기한 지 꽤 오래됐군. 자신에게 말하고 편지를 쓴다는 것이 쉽지는 않지.

그래도 그동안 하고 싶었던 말을 모두 하고 싶어. 막지 말아줘.

마흔다섯 해를 살면서 말 못할 온갖 일들 겪느라 고생 많았어. 스스로 그닥 만족스럽진 않겠지만 넌 정말 최선을 다했어.

생각해봐. 어린 시절 도랑에서 물고기 잡던 네가 이 자리에 서 있다는 게, 도시생활에 적응 못해 고민하던 네가 그 자리에 서 있다는 게 놀랍지 않아? 이렇게 멋진 가정과 직장을 가질 거라고 상상이나 했니?

네 자신에게 자랑스러워할 만큼 잘 살아온 거야.

난 네가 용기를 가졌기 때문에 현재 당당하게 서 있다고 생각해.
너는 자신이 그리 용기 있는 사람이 아니라고 생각하지?
잘 봐. 어려운 가정형편에 고시 공부에 도전하는 게 쉬운 거야? 그리고 검사로 10년 이상 사고 없이 무사히 해낸 것이 쉬운 거야?
시골에서 도시로 전학 와서 견뎌낸 외로운 날들
가정형편과 군대 입대 문제를 돌파해야 했던 힘든 날들
사건 해결을 위해 새벽까지 매달려 있던 수많은 날들
너의 용기가 없었다면 결코 해내지 못했을 거야. 넌 그런 너를 자랑스러워해도 돼.

이젠 부족하고 어설픈 너를 인정하고 용서하자. 네가 완벽한 존재이거나 대단한 존재는 아니잖아? 왜 항상 칭찬만 들어야 하지? 너를 과대평가하지 마.
모두가 다 부족한 존재야. 좀 부족한 사람이니 네가 주위 사람들로부터 사랑을 받는 거야. 캔버스를 꽉 채운 그림보다는 여백 있는 그림이 아름답지. 그러니 어설픈 너를 다독이면서 잘 좀 지내.
가끔 보면 거울에 대고 뭐라고 하는 것 같던데. 인상을 쓰고 말이야. 이젠 웃으면서 자신에게 말해.
'오늘 좀 어설프자.'

지금까지 경쟁에서 이기려고 달려왔다면, 이젠 좀 자유로워지자. 이미 다 알고 있잖아. 신문에 대기업 임원 인사가 나도 대부분의 사람들은 관심도 없다는 것을. 검찰 인사도 마찬가지야. 누가 승진했는지 사람들은 관심 없어.

너의 가치를 지키기 위해 너무 결과에 집착하지 말라는 얘기야. 너는 그냥 존재 자체로 가치가 있는 것이지 어떤 지위에 있기 때문에 그런 게 아냐.

따라해 봐.

'난 존재 자체로 빛난다.'

약속해. 이제부터는 '언젠가'라는 단어를 사용하지 않는다고. 그 단어는 악마의 단어 같아. 나를 파괴하고 타인도 파괴하는 그런 말 같아.

발붙이고 있는 오늘, 현재를 살란 말이야. 오늘 행복하지 않은데 언젠가 행복할 수 있을까? 내가 행복하지 않은데 누군가를 행복하게 할 수 있을까? 미래의 어느 시점에 갑자기 큰 행복이 찾아오지 않아. 하루하루 행복을 쌓아야 행복 부자가 될 수 있어.

행복은 벼락치기가 되지 않아.

행복해지기 위해서는 우선 마음부터 비우자. 뭔가 비워야 채울 것 아니겠어? 어제 내가 한 실수, 남에게 화냈던 일, 안 좋은 말을 들은 일……. 마음에 채워진 불필요한 수치심, 좌절감, 두려움 같은 것들을 비우자. 빈 공간에 나를 미소 짓게 하는 것들을 채우자.

가족, 동료, 후배, 야구, 배드민턴, 매콤한 음식, 재밌는 소설책 등등……. 어때, 웃음이 나지?

이제 남에게 굳이 나를 설명하려고 하지 말자. 남이 알아주지 않아도 나의 가치가 떨어지는 것은 아냐. 나의 향기는 내가 소문내지 않아도 누군가 맡고 소문내게 돼 있어. 그저 향기 있는 사람이 되려고 노력하면 되는 거야.

네가 야구 잘 한다고 아무리 떠들고 다녀봐야 누가 알아주냐고. 네가 개그맨처럼 웃긴다고 얘기해봐야 누가 귀 기울여 주냐고. 자꾸 얘기해봐야 남들은 그저 들어주는 척할 뿐이야. 남들은 그런 너를 보고 자신감이 부족한 사람이라고 할 뿐이야. 그러니 누가 알아주지 않아도 서운해하지 말자.

이젠 시간을 소중히 여길 때야. 10대 때는 얼른 20대가 오면 좋겠다고 생각했는데, 이젠 어때? 계절 바뀌는 게 장난이 아니지? 기어가던 시간이 걷고, 살살 뛰더니, 이젠 막 달려가지? 젊었을 적 느끼지 못하던 늙음을 조금씩 느껴가고 있잖아.

어른들 말이 맞아. 젊은 사람은 늙은 사람 맘 모르고, 건강한 사람은 아픈 사람 맘 모른다고. 달려가는 시간이야 잡을 수 없지만 그 시간만이라도 온전히 집중하자고. 앞만 보고 달리지 말고 주변도 같이 보고 달리자.

그동안 많이 아팠으니 이젠 그만 아프자. 넘어지는 연습 많이 했잖아. 그 수많은 마음의 상처들을 이젠 떠나보내자. 안 아픈 척하느라고 수고 많았어. 이젠 아프면 아프다고 말하고, 힘들면 힘들다고 말하자.

내가 나를 아껴야 남들도 나를 아낀다. 내가 나를 소중히 여겨야 남들도 내가 소중한지 안다는 말이야. 이젠 정말 괜찮은 척, 쿨한 척도 그만하고. 괜찮아. 때론 지지리 궁상맞게 구시렁거려도.

난 그저 네가 고마울 뿐이야. 여기까지 오는 게 정말 쉽지 않았잖아. 한눈 팔거나 주저앉아 쉬지 않았어. 불평도 하지 않았어. 이제 그런 너를 소중히 하자. 그리고 사랑하자.

오늘 진심으로 이 한마디 하고 싶다.

정말 고맙다. 지금까지 힘껏 잘 버텨준 나에게.

기록 너머에 사람이 있다

초판 1쇄 발행 2017년 2월 28일
초판 2쇄 발행 2017년 3월 13일

지은이 안종오
펴낸이 김선식

경영총괄 김은영
기획·책임편집 이은 **디자인** 심아경 **크로스교정** 이상혁 **책임마케터** 양정길, 최혜진
콘텐츠개발3팀장 이상혁 **콘텐츠개발3팀** 이은, 윤세미, 김수나, 심아경
마케팅본부 이주화, 정명찬, 양정길, 최혜진, 최혜령, 박진아, 김선욱, 이승민, 김은지, 이수인
전략기획팀 김상윤
경영관리팀 허대우, 권송이, 윤이경, 임해랑, 김재경

펴낸곳 다산북스 **출판등록** 2005년 12월 23일 제313-2005-00277호
주소 경기도 파주시 회동길 357 3층
전화 02-702-1724(기획편집) 02-6217-1726(마케팅) 02-704-1724(경영관리)
팩스 02-322-5717 **이메일** dasanbooks@dasanbooks.com
홈페이지 www.dasanbooks.com
블로그 blog.naver.com/dasan_books
종이 한솔피엔에스 **출력·인쇄** 갑우
ISBN 979-11-306-1151-8 (03300)

• 이 도서의 국립중앙도서관 출판시도서목록(CIP)은 서지정보유통지원시스템 홈페이지(http://seoji.nl.go.kr)와 국가자료공동목록시스템(http://www.nl.go.kr/kolisnet)에서 이용하실 수 있습니다. (CIP제어번호 : CIP2017004289)